ŒUVRES COMPLÈTES

DE

SIR WALTER SCOTT.

Traduction Nouvelle.

PARIS,

CHARLES GOSSELIN et A. SAUTELET et C°

LIBRAIRES-ÉDITEURS.

M DCCC XXVI.

ŒUVRES COMPLÈTES
DE
SIR WALTER SCOTT.

TOME QUATRIÈME.

IMPRIMERIE DE H. FOURNIER,
RUE DE SEINE, N° 14.

BALLADES,

ETC.

(𝔅allads and lyrical pieces.)

GLENFINLAS,

ou

LE CORONACH

DE LORD RONALD.

(𝕲𝖑𝖊𝖓𝖋𝖎𝖓𝖑𝖆𝖘 𝖔𝖗 𝖑𝖔𝖗𝖉 𝕽𝖔𝖓𝖆𝖑𝖉'𝖘 𝕮𝖔𝖗𝖔𝖓𝖆𝖈𝖍.)

———

Cette ballade est fondée sur la tradition suivante :
Deux chasseurs des montagnes d'Écosse passaient la nuit dans un bathy (1) solitaire. Ils découpaient joyeusement leur gibier, et se versaient à grands flots la liqueur appelée whisky. L'un d'eux exprima le désir d'avoir deux jolies filles pour compléter la partie. Il avait à peine dit ces paroles que deux femmes habillées de vert, jeunes et belles, entrèrent dans la hutte en

(1) Hutte bâtie pour la chasse. — Éd.

dansant et en chantant. Celui qui avait parlé fut séduit par la sirène qui s'attacha à lui de préférence, et il la suivit. Son compagnon demeura, se méfiant de ces belles enchanteresses, et il se mit à chanter des hymnes à la Vierge, en s'accompagnant de sa cythare. Le jour revint enfin, et la séductrice disparut. Ne voyant point retourner son ami, le chasseur alla le chercher dans la forêt, et ne trouva plus que ses ossemens. Il avait été dévoré par le démon qui l'avait fait tomber dans le piège. Le lieu témoin de cet événement s'appelle depuis ce temps-là *le Vallon des femmes vertes.*

Glenfinlas est une forêt dans les Highlands du Perthshire; elle faisait autrefois partie du domaine de la couronne, et appartient aujourd'hui au comte de Moray. Cette contrée, avec le canton adjacent de Balquidder, fut jadis habitée surtout par les Mac-Grégor. A l'ouest de la forêt de Glenfinlas est le Loch-Katrine, et son entrée romantique appelée Troshachs. Le Teith passe à Callender, au château de Doune, et se jette dans le Forth, près de Stirling. Le défilé de Lenny est immédiatement au-dessus de Callender, et conduit aux Highlands. Glenartney est une forêt près de Benvoirlich. L'ensemble de ces sites forme un tableau digne du spectacle sublime des Alpes.

GLENFINLAS,

ou

LE CORONACH (1) DE LORD RONALD.

> « Les habitans invisibles de l'air obéissent à leurs
> » voix et accourent à leurs signes. Ils connaissent les
> » esprits qui préparent les tempêtes, et, immobiles
> » de stupeur, ils contemplent les secrètes opéra-
> » tions des fantômes. »

O Hone a rie' ! ô Hone a rie' (2) *!* Hélas plaignons le chef!
L'orgueil des enfans d'Albyn n'est plus; l'arbre superbe
de Glenartney couvre la terre de son tronc renversé;
nous ne verrons plus lord Ronald.

(1) On appelle *coronach* le chant funèbre d'un guerrier. Ce sont les vieillards du clan qui chantent le coronach. — Éd.

(2) Ces mots gaëliques sont expliqués par la phrase qui les suit : Hélas, etc. — Éd.

O toi, noble fils du grand Mac-Gillianore, tu n'as jamais tremblé devant un ennemi! Quelle claymore pouvait se comparer à la tienne? Qui put jamais éviter ta flèche rapide?

Les veuves saxonnes sauront dire comment les plus hardis guerriers des plaines firent retentir de leur chute le rivage sonore du Teith, lorsque tu fondis sur eux du défilé de Lenny.

Mais qui oubliera ces jours de fête où l'on voyait briller sur la colline le beltane (1) de lord Ronald; à la clarté de la flamme, les jeunes filles des montagnes et leurs amans dansaient gaiement.

Animés par la lyre de Ronald, les vieillards eux-mêmes oubliaient leurs cheveux blancs! Hélas! aujourd'hui nous chantons l'hymne funèbre! Nous ne reverrons plus lord Ronald.

Un chef d'une île éloignée vint partager les plaisirs du château de Ronald, et chasser avec lui la bête fauve qui bondit sur les coteaux escarpés d'Albyn.

C'était Moy, que l'esprit prophétique du Seer (2) éclaira dans l'île de Colomba, où brillant, du feu des ménestrels, il réveillait l'harmonie de sa harpe.

Il connaissait maintes paroles magiques qui font trembler les Esprits errans, et ces airs puissans qui n'étaient point faits pour les oreilles des mortels.

Car on dit que ces prophètes ont des entretiens mystérieux avec les morts, et voient souvent d'avance le fatal linceul qui doit envelopper un jour ceux qui vivent encore.

---

(1) On fait remonter ces feux de joie du mois de mai au culte des mages et des druïdes. Beltane, l'arbre de Bel. — Éᴅ.

(2) Voyant, prophète doué de seconde vue. — Éᴅ.

Or, il advint qu'un jour les deux chefs avaient été ensemble harceler le chevreuil dans ses repaires. Ils étaient loin de leur demeure, et parcouraient les taillis épais de Glenfinlas.

Aucun vassal ne les suit pour les aider dans leur chasse, les défendre dans le péril, ou préparer leurs repas. Le simple plaid des Highlands couvre les deux chefs; leurs fidèles claymores sont leurs seuls gardiens.

Pendant trois jours leurs flèches sifflantes volèrent à travers les taillis du vallon; et quand l'humidité du soir les ramenait dans leur hutte, ils y portaient leur gibier.

La cabane solitaire était élevée dans le lieu le plus reculé de la forêt de Glenfinlas, auprès du sombre ruisseau de Moneira, qui murmure à travers cette solitude.

La nuit était belle, l'horizon calme depuis trois jours, et une rosée bienfaisante répandait la fraîcheur sur la bruyère et sur les rochers tapissés de mousse.

La lune à demi voilée sous les flocons d'un nuage d'argent laissait tomber ses douteuses et tremblantes clartés sur les ondes du lac de Katrine, et semblait dormir sur le front du Benledi.

Renfermés dans leur hutte, les deux chefs font un repas de chasseurs et d'amis; le plaisir anime les yeux de Ronald, et il porte maintes santés à Moy:

— Que nous manque-t-il pour compléter notre bonheur et répondre aux douces émotions qui nous font palpiter ?..... le baiser d'une jeune et facile beauté, son sein palpitant et ses regards humides.

Les deux beautés de nos montagnes, les filles du fier Glengyle, ont quitté ce matin le château de leur père pour chasser le daim dans la forêt.

J'ai long-temps cherché à intéresser le cœur de Mary : elle a vu couler mes larmes, elle a entendu mes soupirs. Tous les artifices de l'amant ont échoué contre la vigilance d'une sœur.

Mais tu pourrais, cher Moy, pendant que je m'écarterais avec Mary, apprendre à cette gardienne sévère qu'elle doit cesser de veiller sur le cœur des autres, et que c'est déjà assez pour elle de veiller sur le sien.

Pince seulement ta harpe: tu verras bientôt l'aimable Flore de Glengyle, oubliant sa sœur et Ronald, rester en extase devant toi, l'œil humide et le sourire sur les lèvres.

Ou si elle consent à écouter un conte d'amour sous l'abri du feuillage, dis-moi, chasseur au front sévère, la règle du bon saint Oran ne sera-t-elle pas violée (1)?

— Depuis le combat d'Enrick, depuis la mort de Morna, répond Moy, mon cœur a cessé de répondre par ses transports aux doux baisers, au sein haletant et au sourire de la beauté!

C'est depuis lors que, chantant mes regrets sur ma harpe dans la triste bruyère qui vit périr celle qui était ma gloire et mon amour, je reçus le don fatal de prophétie.

La dernière preuve que le ciel m'envoya de sa colère, ce fut ce pouvoir de pressentir les malheurs futurs, qui éteint en mon cœur toute lueur d'espérance par des visions lugubres et des sons de douleur.

Te souvient-il de cet esquif qui partait gaiement cet été de la baie d'Oban ?... Je le voyais déjà échoué et brisé contre les côtes rocailleuses de Colonsay.

(1) Voyez la note sur saint Oran. — Éd.

— Fergus aussi... le fils de ta sœur... tu l'as vu partir comme en triomphe des flancs escarpés du Benmore, marchant à la tête des siens contre le seigneur de Downe.

Tu n'as vu que les plis flottans de leurs tartans (1) pendant qu'ils descendaient les hauteurs de Benvoirlich; tu n'as entendu que le pibroch (2) guerrier mêlé au choc des boucliers sonores des Highlands.

Moi j'entendais déjà les gémissemens, je voyais couler les larmes, et Fergus percé d'une blessure mortelle, en se précipitant sur les lances des Saxons à la tête de son clan au choc irrésistible.

Et toi qui m'invites au bonheur et au plaisir; toi qui voudrais me faire partager ta joie et appeler le baiser d'une femme, mon cœur, cher Ronald, gémit sur ta destinée.

Je vois la sueur de la mort glacer ton front; j'entends les cris de ton Esprit protecteur; je vois ton cadavre.... c'est tout ce qu'il est donné au prophète de voir.

— Prophète de malheur, livre-toi seul à tes rêveries funèbres, répond lord Ronald: faut-il donc fermer les yeux aux clartés passagères de la joie parce que l'orage peut gronder demain!

Vraies ou fausses, tes prédictions n'inspireront jamais la crainte au chef de Clangillian; les transports de l'amour feront bondir son cœur, quoiqu'il soit condamné à sentir l'atteinte de la lance saxonne.

— Je crois entendre les brodequins de Mary fouler la rosée du gazon: elle m'appelle dans le bois.

(1) Vêtement écossais ainsi nommé d'une étoffe rayée à carreaux.
ÉD.

(2) Airs nationaux et guerriers adaptés à la cornemuse (bagpipe) des Highlands. — ÉD.

Il ne dit point adieu à son ami : il appelle ses limiers et sort gaiement de la hutte.

Au bout d'une heure ses limiers reviennent : ces compagnons fidèles du chasseur accourent en faisant retentir les airs de leurs tristes gémissemens. Ils s'étendent aux pieds du prophète.

Point de Ronald encore? il est minuit; Moy est agité par de noirs présages, pendant que, penché sur la flamme mourante, il entretient le feu à demi éteint de la cabane.

Soudain les limiers redressent leurs oreilles; soudain leurs hurlemens ont cessé : ils se pressent autour de Moy, et expriment leur terreur par le tremblement de leurs membres et leur murmure étouffé.

La porte s'ouvre doucement : les cordes de la harpe vibrent d'elles-mêmes et répondent par un son à chaque pas léger qui presse le sol.

Le ménestrel voit à la lueur du feu une femme brillante de beauté, en costume de chasse, et dont la robe verte trempée de rosée dessine les contours gracieux de son corps.

Son front semble glacé; elle découvre l'ivoire arrondi de son sein, en se penchant vers la flamme vacillante pour tordre les tresses humides de sa chevelure.

Elle rougit comme une vierge timide, et dit avec douceur : — Aimable ménestrel, n'as-tu pas rencontré dans la clairière de Glenfinlas une jeune chasseresse en robe verte?

Avec elle est un vaillant chef de nos montagnes. Ses épaules sont chargées du carquois du chasseur; une dague écossaise orne sa ceinture; son tartan flotte au gré de la brise.

— Et qui es-tu? quels sont ceux que tu cherches? reprit Moy en la regardant d'un œil effaré. Pourquoi errestu ainsi au clair de la lune dans la forêt de Glenfinlas?

— Le château de notre père projette son ombre sur le lac profond de Katrine qui entoure mainte île de ses flots azurés. Nous sommes les filles du fier Glengyle.

Parties ce matin pour venir chasser le chevreuil dans la forêt de Glenfinlas, le hasard nous a fait rencontrer le fils du grand Mac-Gillianore.

Aide-moi donc à chercher ma sœur et le lord Ronald, égarés sans doute dans le bois. Je n'ose me hasarder seule dans des sentiers où l'on trouve, dit-on, des fantômes cruels.

— Oui, dit le ménestrel, il est en effet des fantômes à redouter : je dois accomplir mon vœu et achever ici la prière nocturne que j'ai juré de prononcer pendant le sommeil des autres hommes.

— Ah! daigne d'abord, au nom de la douce pitié, guider une chasseresse solitaire! Il faut que je traverse le bois et que je revoie avant le jour le château de mon père.

— J'y consens; mais répète avec moi trois *Ave* et trois *Pater;* baise la sainte croix, et alors nous pourrons poursuivre notre route en sûreté.

— Honte à un chevalier tel que toi! Va te couvrir la tête du froc d'un moine: cet ornement convient à ton vœu étrange!

Jadis, dans le château de Dunlathmon, ton cœur ne fut point de glace pour l'amour et le bonheur; alors ta lyre harmonieuse chantait les appas séduisans de Morne, et tu aurais tout fait pour un de ses sourires.

Les yeux du ménestrel étincelèrent, exprimant tour

à tour la colère et l'effroi. Ses noirs cheveux se hérissèrent sur sa tête, et son teint changea plusieurs fois de couleur.

— Et toi, dit-il, pendant que je chantais Morna et l'amour auprès du foyer de Dunlathmon, planais-tu sur la sombre fumée du foyer ou sur l'aile de l'orage?

Non, non, tu n'es point d'une race mortelle ni la fille du vieux Glengyle; ta mère fut la fée des torrens, ton père le roi des mines.

Moy répéta trois fois l'antienne de saint Oran, et trois fois encore la puissante prière de saint Fillan. Il se tourna ensuite vers l'horizon oriental et secoua sa chevelure noire.

Puis, penché sur sa harpe, il en tira les accords les plus séduisans; l'écho surpris répète cette harmonie mystérieuse et magique qui se marie au murmure des vents.

L'Esprit irrité change de forme, et sa taille devient gigantesque; puis, se mêlant soudain à l'orage qui commence à gronder, il disparaît après avoir poussé un cri lamentable.

Les nuages crèvent; la grêle et l'ouragan assiègent la hutte, la brisent, et couvrent la terre de ses débris; mais le ménestrel n'eut pas un seul de ses cheveux soulevé par le vent ou mouillé par la pluie.

De bruyans éclats de rire se mêlent aux mugissemens de l'orage; le ménestrel les entend au-dessus de sa tête; mais déjà ils expirent du côté du nord.

La voix du tonnerre ébranle la forêt au moment où ces cris surnaturels cessent, et une pluie de sang vient éteindre les tisons à demi consumés.

Le ménestrel voit tomber un bras dont la main tenaît une épée, et puis une tête séparée du tronc : il en ruissèle un sang encore tiède.

Le cimier de Benmore a souvent orné cette tête dans les combats; cette main a frappé de terribles coups, lorsque le sang des Saxons teignit de pourpre les ondes du Teith.

Malheur aux sombres ruisseaux de Moneira! Malheur au funeste vallon de Glenfinlas! Jamais le fils des montagnes d'Albyn n'y viendra vider son carquois.

Le pèlerin fatigué évitera même cet ombrage à l'heure brûlante du midi : il craindrait d'être la proie des cruelles fées de Glenfinlas.

Pour nous, c'en est fait! nous ne trouverons plus un asile derrière le bouclier du chef de Clangillian; il ne guidera plus nos guerriers au combat; et nous sommes condamnés à chanter son hymne funèbre.

Hélas! plaignons un chef valeureux; l'orgueil des enfans d'Albyn n'est plus. L'arbre superbe de Glenartney couvre la terre de son tronc renversé. Nous ne verrons plus lord Ronald.

NOTES

DE GLENFINLAS.

Note 1. — Paragraphe III. — *Les veuves saxonnes.*

Les Saxons ou Sassenachs dont il est ici question sont les habitans des plaines, Lowlanders, appelés ainsi par leurs voisins des montagnes (the Highlanders).

Note 2. — Paragraphe IV. — *A la clarté de la flamme.*

Les Highlanders allument des feux sur les hauteurs le premier jour du mois de mai. C'est un usage qui vient des temps du paganisme, et qu'on retrouve aussi dans la principauté de Galles.

Note 3. — Paragraphe VII. — *Doué de l'esprit prophétique.*

C'est ce qu'on appelle en anglais la *seconde vue* (*the second sight*). On ne peut que répéter la définition qu'en donne le docteur Johnson, qui l'appelle : « une impression de l'esprit sur l'œil ou « de l'œil sur l'esprit, par le moyen de laquelle les événemens « éloignés et futurs sont perçus et vus comme s'ils étaient présens. » J'ajouterai seulement que les apparitions de fantômes présagent ordinairement des malheurs, que cette faculté est pénible pour ceux qui en sont doués, et qu'ils ne l'acquièrent généralement que lorsqu'ils sont eux-mêmes sous l'influence d'un tempérament mélancolique.

NOTE 4. — Paragraphe XXII. — *La règle du bon saint Oran.*

Saint Oran était l'ami et l'acolyte de saint Columba, et il fut enterré à Icolmkill. Ses droits à la canonisation sont un peu douteux. Selon la légende, il consentit à être enterré tout vivant pour rendre propices certains démons *indigènes* qui s'opposaient aux pieux desseins de saint Columba, et s'obstinaient à l'empêcher de bâtir une chapelle.

Au bout de trois jours, Columba fit exhumer le corps de son ami. Saint Oran, au grand scandale des spectateurs, déclara qu'il n'y avait *ni Dieu, ni jugement dernier, ni enfer, ni paradis*. Il allait sans doute faire des révélations encore plus singulières; mais Columba ne lui en donna pas le temps, et le fit au plus vite *réenterrer*. La chapelle et le cimetière conservèrent cependant le nom de Reilig Ouran; et en mémoire du rigide célibat qu'avait gardé le saint, aucune femme ne pouvait y venir prier ni s'y faire enterrer. C'est à ce régime de continence que le paragraphe XXII fait allusion (1).

NOTE 5. — Paragraphe LV. — *La puissante prière de saint Fillan.*

Saint Fillan a donné son nom à plusieurs chapelles et sources saintes en Écosse. C'était, selon Camerarius, un abbé de Pittenweem, comté de Fife; fonction dont il se démit pour aller mourir dans les solitudes de Glenurchy, l'an du Seigneur 649. Pendant qu'il était occupé à transcrire les Écritures, sa main gauche jetait un éclat de lumière si vif, qu'il y voyait suffisamment sans autre clarté; ce miracle économisa beaucoup de chandelles au couvent, le saint passant des nuits entières à écrire. Le 9 de janvier est dédié à ce saint, qui a laissé son nom à Kilfillan, dans le canton de Renrew, et à Saint-Phillans, ou Forgend, dans le comté de

---

(1) Cette note singulière a fourni le sujet d'un roman intitulé le *Célibat de saint Oran*, et dédié à M. Charles Nodier. C'est une production bizarre qui se trouve chez Charles Gosselin. — ÉD.

Fife. L'historien Lesley, liv. VII, nous dit que Robert le Bruce avait en sa possession le bras miraculeusement lumineux de saint Fillan enfermé dans une châsse d'argent, et qu'il portait à la tête de son armée. Avant la bataille de Bannockburn le chapelain du roi, homme de peu de foi, s'empara de cette relique, et la cacha en lieu sûr, de peur qu'elle ne tombât entre les mains des Anglais. Mais soudain, pendant que Robert adressait sa prière à la châsse vide, on la vit s'ouvrir et se refermer aussitôt, et l'on reconnut que le saint avait déposé son bras dans la châsse comme un gage de la victoire. Mais quoique Bruce n'eut guère besoin que le bras de saint Fillan vînt au secours du sien, il lui dédia en reconnaissance une abbaye à Killin, sur le Loch Tay.

Dans le *Scots Magazine* de juillet 1802 (recueil périodique qui vient d'être continué avec un grand talent) on trouve la copie d'une curieuse charte de la couronne, datée du 11 juillet 1487, par laquelle Jacques III confirma à Malise Doire, habitant de Srathfillan dans le Perthshire, la jouissance paisible d'une relique de saint Fillan appelée le Quegrich, qu'il avait héritée de ses ancêtres depuis le temps de Robert Bruce. Comme le Quegrich servait à guérir des maladies, ce document est probablement la patente la plus ancienne accordée à un remède de charlatan (*quack-medicine*). L'ingénieux correspondant qui l'a fourni ajoute qu'on peut lire des renseignemens plus détaillés sur saint Fillan dans le *Boèce* de Bellenden, tom. IV, fol. CCXIII, et dans le *Voyage de Pennant en Écosse*, 1772, pag. 11 et 15.

FIN DES NOTES DE GLENFINLAS.

LA VEILLE

DE

LA SAINT-JEAN.

(The Eve of St. John.)

INTRODUCTION.

La tour de Smaylho'me ou de Smallholm, qui fut le théâtre de l'anecdote suivante, est située dans le nord du Roxburgshire au milieu d'un amas de rochers qui font partie des domaines de Hugh Scott de Harden. Cette tour est un bâtiment carré qu'environne un mur extérieur, aujourd'hui en ruines. L'enceinte de la première cour, défendue de trois côtés par un précipice et un marais, n'est accessible que du côté du couchant par un sentier creusé dans le roc. Les appartemens, comme c'est l'usage dans une forteresse d'Écosse, s'élèvent les uns au-dessus des autres, et communiquent par un escalier étroit, etc.

C'est dans cette ancienne forteresse et dans le voisinage que l'auteur a passé son enfance, et ces lieux qui lui sont chers avaient des droits aux hommages de sa muse.

La catastrophe de cette histoire est fondée sur une tradition irlandaise (1).

(1) Voyez dans les *Vues pittoresques d'Écosse* la tour de Smallholm, qui est aussi le château d'Avenel du *Monastère*. —Éd.

LA VEILLE

DE

LA SAINT-JEAN.

―

Le baron de Smaylho'me se leva avec le jour, et guida son coursier, sans s'arrêter, dans le sentier rocailleux qui conduit à Brotherstone.

Il n'allait point avec le brave Buccleuch déployer sa large bannière, il n'allait point se réunir aux lances écossaises pour braver les flèches des Anglais.

Cependant il était revêtu de sa cotte de mailles; son casque ornait son front, et il portait une cuirasse d'un acier éprouvé. Au pommeau de sa selle était suspendue une hache d'armes qui pesait plus de vingt livres.

Le baron de Smaylho'me revint au bout de trois jours; son front était triste et sombre; son coursier semblait accablé de fatigue et ne marchait que lentement.

Il ne venait point d'Ancram-Moor où le sang anglais avait coulé par torrens; Ancram-Moor, témoin des exploits du fidèle Douglas et du brave Buccleuch contre le lord Evers.

Cependant son casque était bossué et brisé, sa cotte d'armes percée et déchirée. Le sang souillait sa hache et son épée; mais ce n'était point le sang anglais.

Il descendit près de la chapelle; et, se glissant contre la muraille, il siffla trois fois pour appeler son jeune page qui portait le nom de William.

— Viens ici, mon petit page, dit-il, viens te placer sur mes genoux; tu es encore dans un âge bien tendre; mais j'espère que tu ne chercheras pas à tromper ton seigneur.

Dis-moi tout ce que tu as vu pendant mon absence, et surtout songe à me dire la vérité !..... Qu'a fait ta maîtresse depuis que j'ai quitté le château de Smaylho'me?

William répond : — Chaque nuit, la châtelaine se rendait à la clarté solitaire qui brille sur la cime du Watchfold (1), car d'une hauteur à l'autre les signaux nous apprenaient l'invasion des Anglais.

Le butor gémissait, le vent sifflait dans le creux des rochers; cependant elle n'a pas manqué une seule nuit de suivre le sentier qui mène à la cime aérienne de la montagne.

J'épiai ses pas et je m'approchai en silence de la pierre où elle était assise. Aucune sentinelle n'était auprès du feu des signaux.

Mais la seconde fois mes yeux la suivirent encore, et

(1) Au nombre des rochers qui entourent le château de Smaylho'me, il en est un qui les domine tous, et qu'on appelle le Watchfold, où s'allumaient les feux des signaux du temps des guerres avec les Anglais. — Éd.

j'aperçus..., je le jure par la Vierge sainte..., j'aperçus un chevalier armé à côté de la flamme solitaire.

Ce guerrier s'entretint avec ma maîtresse; mais la pluie tombait et l'orage grondait, je ne pus entendre leurs paroles.

Le troisième soir, le ciel était calme et pur, le vent s'était tu... j'épiai encore le chevalier, et votre dame vint le trouver mystérieusement au rendez-vous.

Je l'entendis nommer l'heure de minuit et la veille de cette sainte fête. — Viens, disait-elle, demain, à l'appartement de la dame de tes pensées; ne redoute pas le baron mon époux.

Il combat sous la bannière du brave Buccleuch, et je suis seule; ma porte s'ouvrira pour mon chevalier fidèle la veille de la Saint-Jean.

— Je ne le puis, répond le guerrier, je n'ose me rendre auprès de toi; il faut que j'erre seul la veille de la Saint-Jean.

— Honte à ta lâcheté, dit-elle, chevalier timide; tu ne dois pas me dire non, car la nuit de la Saint-Jean vaut le jour le plus beau de l'été quand elle prête son ombre à deux amans.

J'enchaînerai le dogue vigilant. La sentinelle ne t'adressera aucune question; j'étendrai des nattes de jonc sur l'escalier; au nom de la croix noire de Melrose (1) et du bienheureux saint Jean, je te conjure, mon amour, de te rendre à mes vœux!

— Vainement les limiers garderaient le silence et la sentinelle ne sonnerait pas du cor. Un prêtre dort dans

---

(1) La croix noire de Melrose était un crucifix de marbre très-renommé en Écosse. — Éd.

le pavillon de l'orient; il entendrait le bruit de mes pas malgré les nattes de jonc.

— Ah! ne crains point que ce prêtre puisse te découvrir; il est au monastère de Dryburgh (1), où il doit célébrer, pendant trois jours, le sacrifice de la messe pour l'ame d'un chevalier trépassé.

A ces mots le guerrier tourna plusieurs fois la tête en fronçant le sourcil, et ensuite il sourit avec dédain en disant: — Celui qui célèbre la messe pour l'ame de ce chevalier pourrait aussi bien la dire pour la mienne.

A l'heure solitaire de minuit, alors que les esprits malfaisans voltigent dans les airs, j'irai auprès de toi. Il a dit et a disparu. Ma maîtresse est demeurée seule, et je n'ai rien vu de plus.

Le front sombre du baron s'enflamme et rougit de colère. — Fais-moi connaître, demande-t-il, le téméraire, car, par sainte Marie, il périra!

— Ses armes brillaient à la clarté de la flamme, répond William; son panache était écarlate et bleu; j'ai remarqué sur son écu un lévrier en lesse d'argent, et son cimier était un rameau d'if.

— Tu en as menti, petit page, tu en as menti: le chevalier que tu me désignes a cessé de vivre; il est enseveli dans son tombeau sous l'arbre d'Eildon (2).

(1) L'abbaye de Dryburgh est située sur les bords de la Tweed; elle est aujourd'hui habitée par le comte de Buchan. Elle appartenait à l'ordre des Prémontrés. — Éd.

(2) Eildon (non loin d'Abbotsford) est une montagne terminée par trois sommets coniques au-dessus du bourg de Melrose. C'est sous l'arbre d'Eildon que Thomas le rimeur chantait, dit-on, ses prophéties. — Éd.

— J'en atteste le ciel, ô mon noble seigneur! j'ai entendu prononcer son nom : votre dame l'a appelé sir Richard de Coldinghame.

La pâleur couvrit alors le front du baron. — La tombe est obscure et profonde, dit-il; le cadavre immobile et glacé... Je ne puis croire ton récit.

Au lieu où la Tweed roule ses flots autour du saint couvent de Melrose, et où l'Eildon descend en pente douce jusqu'à la plaine, il y a trois nuits qu'un ennemi secret a tranché les jours du chevalier de Coldinghame.

Les reflets de la lumière ont abusé tes yeux; les vents ont trompé ton oreille; j'entends encore sonner les cloches de Dryburgh, et les moines Prémontrés chantent l'hymne des morts pour sir Richard.

Le baron franchit le seuil de la grille; il se glisse dans l'escalier étroit, et se rend à la plate-forme, où il trouve sa dame entourée des filles qui la servent.

Il remarque qu'elle est triste, et qu'elle porte ses regards tour à tour sur les collines et les vallées; sur les ondes de la Tweed et les bois de Mertoun dans la riche plaine de Teviot.

— Salut, salut, aimable et tendre châtelaine! — Salut, baron fidèle! Quelles nouvelles apportez-vous du combat d'Ancram et du vaillant Buccleuch?

— La plaine d'Ancram-Moor est rouge de sang; mille Anglais ont mordu la poussière, et Buccleuch nous ordonne de veiller à nos signaux mieux que jamais.

La châtelaine rougit, mais elle ne répondit pas, et le baron n'ajouta rien de plus. Bientôt elle se retira dans sa couche, où elle fut suivie par le baron chagrin.

La châtelaine gémissait en sommeillant, et le baron de Smaylho'me, inquiet et agité, murmurait tout bas :
— Les vers rampent sur son cadavre ; la tombe sanglante est fermée sur lui ; la tombe ne peut lâcher sa proie.

C'était bientôt l'heure de matines : la nuit allait faire place à l'aurore, lorsque enfin un sommeil pénible s'appesantit sur les yeux du baron.

La châtelaine regarda de tous côtés dans l'appartement, à la lueur d'une lampe mourante ; elle reconnut non loin d'elle un chevalier, sir Richard de Coldinghame.

— Hélas ! dit-elle, éloignez-vous, pour l'amour de la Vierge sainte ! — Je sais, répondit-il, qui dort auprès de toi ; mais ne crains pas qu'il se réveille.

Voici trois longues nuits que je suis étendu dans une tombe sanglante, sous l'arbre d'Eildon ! On a chanté pour le repos de mon ame les messes et l'hymne des morts, mais vainement.

C'est le bras perfide du baron de Smaylho'me qui m'a percé le cœur sur le rivage sablonneux de la Tweed, et mon ombre est condamnée à errer pendant un temps sur la cime du Watchfold.

C'était le lieu de nos rendez-vous ; on m'y verra apparaître chaque soir : mais je n'aurais jamais pu parvenir jusqu'ici sans tes pressantes supplications.

L'amour surmonta la crainte de la châtelaine ; elle se signa le front : — Cher Richard, dit-elle, daigne m'apprendre si ton ame est sauvée ou réprouvée. — Le fantôme secoua la tête.

— Dis à ton époux, répondit-il, que celui qui répand le sang perdra la vie par le glaive. Mais l'amour adultère est un crime dans un autre monde : reçois-en ce gage irrécusable.

Il appuya sa main gauche sur une table de chêne, et la droite sur celle de la châtelaine, qui frémit et s'évanouit en sentant l'impression brûlante de son étreinte.

La trace noircie des quatre doigts resta imprimée sur la table, et la châtelaine porta toujours sa main couverte.

Il est dans l'abbaye de Dryburgh une religieuse qui ne tourne jamais les yeux vers le soleil; il est un moine dans le monastère de Melrose qui ne profère jamais une parole.

Cette religieuse, qui ne voit jamais la clarté du jour, c'est la châtelaine de Smaylho'me ; ce moine, qui garde un si morne silence, est le fier baron son époux.

NOTES

DE LA VEILLE DE LA SAINT-JEAN.

Note 1re.

La bataille d'Ancram-Moor est un des événemens les plus importans de l'histoire d'Écosse.

Le lieu qui en fut le théâtre est appelé aussi *Lyliard's Edge*, du nom d'une amazone écossaise qui s'y était distinguée. On vous montre encore son monument aujourd'hui en ruines. On y lisait cette inscription :

« *La belle Lyliard est ensevelie sous cette pierre ; sa taille était
« petite, mais sa gloire fut grande, et les Anglais sentirent la force
« de son bras. Quand ses jambes furent coupées, elle combattit
« sur ses cuisses.* »

Note 2. — *Il est une religieuse, etc.*

La circonstance de cette religieuse qui ne vit jamais le jour n'est pas tout-à-fait imaginaire. Il y a cinquante ans qu'une infortunée descendit dans un sombre caveau sous les ruines de l'abbaye de Dryburgh, qu'elle ne quittait jamais pendant le jour. Dès que la nuit était venue, elle sortait de sa misérable retraite, et se rendait à la demeure de M. Haliburton de Newmains, ou à celle de M. Erskine de Sheffield, deux propriétaires du voisinage. Elle obtenait de leur charité toutes les provisions qu'elle désirait; mais aussitôt qu'elle entendait sonner minuit, elle allumait sa lanterne et retournait à son caveau, assurant ses voisins bienfaisans que, pendant son absence, sa retraite était arrangée par un esprit qu'elle appelait *Fatlips* (1); elle le représentait comme un petit homme portant des souliers de fer, avec lesquels il dissipait l'humidité des voûtes en foulant le pavé. Les gens sages regardaient avec pitié une femme qui leur semblait être privée de la raison ; mais le vulgaire ne pensait à elle qu'avec un sentiment de terreur. Elle ne voulut jamais expliquer la cause d'un genre de vie aussi extraordinaire; on imagina qu'elle l'avait adopté après s'être engagée, par un vœu, à ne voir jamais le soleil tant que durerait l'absence de son amant. Son amant était mort dans la guerre civile de 1745 à 1746, et cette femme renonça pour jamais à la clarté du jour.

Le caveau porte encore le nom du prétendu esprit qui tenait compagnie à cette solitaire. Et il est plus d'un paysan du voisinage qui n'oserait y pénétrer.

(1) *Fatlips*, grosses lèvres.

FIN DES NOTES DE LA VEILLE DE LA SAINT-JEAN.

LE CHATEAU
DE CADYOW.

(Cadyow Castle.)

LE CHATEAU

DE

CADYOW.

Les ruines de Cadyow (ou du château de Cadzow), antique résidence baronniale de la famille Hamilton, sont situées sur les bords de la rivière Evan, à trois milles environ du lieu où elle se réunit à la Clyde.

Ce château fut démantelé à la fin des guerres civiles, sous le règne de l'infortunée Marie, dont la maison d'Hamilton avait embrassé le parti avec un zèle et une générosité qui furent cause de l'obscurité dans laquelle elle est restée quelque temps. La situation de ces ruines au milieu d'un bois, le lierre et les arbustes rampans qui les couvrent, le torrent sur lequel elles sont comme suspendues, tout contribue à leur donner un aspect des plus romantiques.

Dans le voisinage de Cadyow est un bois de chênes, reste de la grande *forêt calédonienne*, qui jadis s'étendait depuis l'océan Atlantique jusqu'au sud de l'Écosse. Quelques-uns de ces chênes ont vingt-cinq pieds et plus de circonférence, et leur vétusté prouve qu'ils ont été témoins des rites druidiques.

On a long-temps conservé dans cette forêt la race des

taureaux sauvages d'Écosse. Il n'y a que quarante ans que leur férocité força de la détruire. Ces animaux étaient blancs de lait, la tête, les cornes et les sabots noirs ; les anciens auteurs leur donnent une crinière blanche, mais cette particularité s'était perdue dans les derniers temps, peut-être par des croisemens avec l'espèce domestique.

En citant avec quelque détail la mort du régent Murray, qui est le sujet de la ballade suivante, il serait injuste de ne pas répéter ici les propres expressions du docteur Robertson, dont le récit forme un des plus beaux tableaux de son histoire.

« Hamilton de Bothwellhaugh fut l'auteur de cet assassinat. Il avait été condamné à mort après la bataille de Langside, comme nous l'avons déjà raconté, et il devait la vie à la clémence du régent. Mais une partie de ses domaines avait été confisquée au profit d'un favori (sir James Ballenden). Cet homme avide était venu s'emparer de sa maison pendant la nuit, et avait chassé sa femme, qui, dans son désespoir, en perdit la raison. Cet outrage fit plus d'impression sur Hamilton que le bienfait qu'il avait reçu, et, depuis ce jour, il jura de tirer vengeance du régent. L'esprit de parti irrita ses ressentimens particuliers. Ses cousins les Hamilton applaudirent à ses projets. Les maximes du siècle justifiaient les cruelles représailles qu'il exerça. Après avoir suivi le régent pendant quelque temps, pour trouver l'occasion favorable de le frapper, il résolut enfin d'attendre son arrivée à Linlithgow, où il devait passer en se rendant de Stirling à Édimbourg. Il alla se poster dans une galerie de bois qui avait une fenêtre donnant sur la rue ; il plaça un tapis sur le parquet pour dissimuler le bruit de ses pas, et un drap noir derrière lui pour que son ombre ne le trahît pas en dehors. Après tous ces préparatifs, il attendit patiemment l'approche de Murray, qui avait passé la nuit dans une maison voisine. Quelques avis sur le danger qu'il courait étaient parvenus au régent, de sorte qu'il avait résolu de ressortir par la porte sous laquelle il avait passé en entrant, et de faire un détour hors la ville ; mais la foule était si grande du côté de cette porte, et il était si peu familiarisé avec la peur, qu'il continua directement son chemin dans la rue, où la foule, l'obligeant de marcher lentement, donna à l'assassin le temps de viser si bien son coup, qu'il l'atteignit avec une balle dans le bas-ventre et tua le cheval d'un gentilhomme qui l'accompagnait. Les gens de Murray voulurent s'introduire aussitôt dans la maison d'où le coup était parti, mais la porte était soigneusement barricadée, et, avant qu'on pût la forcer, Hamilton eut le temps d'enjamber un cheval qui était tout sellé et bridé près d'une porte secrète ; il fut bientôt à l'abri de leurs poursuites. Cette même nuit le régent mourut de sa blessure. » (*Histoire d'Écosse*, liv. v.)

Bothwellhaugh galopa jusqu'à Hamilton, où il fut reçu en triomphe ; car les cendres des maisons du Clydesdale, brûlées par l'armée de Murray, étaient encore fumantes. La rage des factions, les mœurs du siècle et l'outrage qui avait provoqué le meurtrier, le justifièrent pleinement auprès de sa famille. Après un court séjour à Hamilton, cet homme déterminé quitta l'Écosse, et fut se mettre au service de la France, sous les auspices de la maison des Guises, dont il fut probablement bien accueilli comme ayant vengé la cause de leur nièce la reine Marie sur un frère ingrat. De Thou rapporte qu'on essaya de l'engager à assassiner Gaspard de Coligny, l'amiral de France et le bouclier du parti huguenot; mais on se trompait sur le caractère de Bothwellhaugh. Il ne versait point le sang par l'appât d'un vil salaire, et il repoussa avec indignation les offres qu'on lui fit. Il n'avait point reçu, dit-il, l'autorisation de l'Écosse pour commettre des meurtres en France. Il avait tiré vengeance de ses propres injures, mais jamais rien ne serait capable de le décider à se charger de la querelle d'un autre. (*Thuànus, cap.* XLVI.)

La mort du régent d'Écosse arriva le 23 janvier 1569. Il a été flétri ou loué par les historiens contemporains, selon les préventions de chacun. Blackwood parle de sa mort comme d'un triomphe. Il ne se contente pas de célébrer le *pieux exploit* de Bothwellhaugh, « qui, ob-
« serve-t-il, satisfit avec une once de plomb celui dont
« l'avarice sacrilège avait dépouillé l'église métropoli-
« taine de Saint-André de sa toiture. » Mais il prétend que « Hamilton fut inspiré par le ciel, regardant aussi
« son évasion comme un miracle divin. » (*Jebb.*, vol. II, p. 263.)

Il est d'autres historiens qui veulent faire de cet assassinat une affaire nationale, et l'attribuer au caractère naturellement perfide des Écossais. (*Voyez* MURDIN, *State Papers*, vol. I, page 197.)

LE CHATEAU
DE CADYOW.

A

LADY ANNE HAMILTON.

Lorsque la noble race des Hamilton habitait les tours gothiques de Cadyow, la musique, les chants, le vin et de joyeux banquets en bannissaient l'ennui.

Chaque voûte prolongeait les sons mélodieux de la harpe, et l'écho répétait les pas légers de la danse et les chants inspirés des ménestrels.

Mais les tours de Cadyow tombent en ruines, ses voûtes, que le lierre revêt d'un manteau de verdure, ne retentissent plus que des sifflemens de l'aquilon et de la voix mugissante de l'Evan.

Vous m'ordonnez de célébrer par le chant d'un ménestrel la gloire oubliée de Cadyow, et de réveiller par les sons de ma harpe les échos sauvages de la vallée.

Vous ne craignez point de détourner vos yeux de la pompe des cours et des tableaux rians du plaisir, pour soulever le voile de l'oubli et contempler l'urne solitaire et négligée.

J'obéis, noble châtelaine; les murs écroulés vont se relever à vos ordres... Silence! nous sommes sur les rives de l'Evan ; le passé revient s'offrir à nos yeux... le présent disparaît.

Aux lieux où naguère les ruines tapissées de verdure se confondaient avec le taillis qui couvre les rochers, des tourelles fantastiques se couronnent de créneaux sur lesquels flottent des bannières féodales.

Aux lieux où le torrent s'irritait de trouver sur son passage le faible obstacle des buissons et des arbustes entrelacés, un bastion en briques brave ses flots mugissans, et des remparts entourent une citadelle.

Il est nuit; le donjon et la tour projettent leurs ombres vacillantes sur les eaux de l'Evan, et le feu des sentinelles éclipse la faible lumière de la lune.

Mais déjà la flamme pâlit; l'orient se colore: la sentinelle fatiguée descend de la tour; les coursiers hennissent; les limiers saluent l'aurore par leurs aboiemens, et le chasseur se prépare à partir.

Le pont-levis s'abaisse... chaque poutre gémit, chaque chaîne se tend, lorsque les cavaliers piquent de l'éperon leurs coursiers et leur lâchent les rênes.

A la tête de la troupe est le noble chef des Hamiltons ; tous ses gens le suivent gaiement; son coursier est plus rapide que le vent des montagnes.

Les chevreuils bondissent et s'élancent de l'épais taillis, le daim fuit dans la plaine ; car le cor des guerriers les a réveillés dans leurs repaires.

Quel est ce mugissement qui retentit dans la forêt antique d'Evandale, dont les chênes comptent des milliers d'années? A peine si l'on distingue les fanfares sonores des chasseurs.

C'est le roi de tes forêts, ô Calédonie, c'est le taureau des montagnes qui accourt, à travers le feuillage, semblable à la foudre.

Il roule des yeux enflammés à l'aspect des chasseurs, frappe le sable de ses cornes noires, et agite sa blanche crinière.

Dirigé par une main sûre, le javelot a transpercé les flancs de l'animal sauvage; il se débat encore au milieu des flots de son sang; un gémissement douloureux termine ses souffrances. Sonnez, sonnez sa défaite.

Le soleil a parcouru la moitié de sa carrière, les chasseurs appuient leurs lances inoccupées contre les troncs noueux du chêne; les légers nuages de fumée qui dominent la voûte du feuillage, indiquent le lieu où les vassaux préparent le festin.

Le chef vit avec orgueil tous les hommes de son clan étendus sur la bruyère, mais ses yeux cherchèrent vainement le plus vaillant de tous ceux qui portaient le nom d'Hamilton.

— Et pourquoi donc Bothwellaugh n'est-il pas avec nous, lui qui partage tous nos plaisirs comme tous nos chagrins? pourquoi ne vient-il pas prendre part à notre chasse et s'asseoir à notre repas champêtre?

Le farouche Claude répondit avec le ton sévère qui distinguait le seigneur orgueilleux des tours de Pasley :

— Tu ne verras plus le guerrier que tu demandes, ni à nos joyeux festins, ni à nos chasses hardies.

Il y a peu de temps que les coupes s'emplissaient encore jusqu'au bord dans Woodhouselee, lorsque, fatigué des travaux de la guerre, Bothwellhaugh revenait gaiement dans ses foyers.

Il venait de quitter sa Marguerite, qui, à peine délivrée des douleurs de la maternité, belle et touchante comme une rose pâle, nourrissait son enfant nouveau-né.

Fatal changement! ces jours ne sont plus, les barbares satellites du perfide Murray n'ont fait que passer, la flamme hospitalière du foyer domestique est devenue un incendie dévastateur.

Quel est ce fantôme à demi nu qui erre avec désespoir sur les bords qu'arrose l'onde mugissante de l'Evan? ses bras tiennent un enfant..... serait-ce la rose pâle d'Hamilton?

Le voyageur égaré la voit se glisser à travers le feuillage, il entend avec terreur sa voix faible et plaintive. — Vengeance! s'écrie-t-elle, vengeance sur l'orgueilleux Murray! Plaignez les malheurs de Bothwellhaugh!

Ainsi parle le seigneur de Paisley; des cris de rage et de douleur se font entendre au milieu des Hamiltons. Le chef se relève soudain, et tire à demi du fourreau sa redoutable épée.

— Mais quel est cet homme qui franchit avec tant de rapidité les broussailles, le torrent et le rocher? sa main, armée d'un poignard sanglant, s'en sert pour exciter son coursier harassé de fatigue.

Son front est pâle, ses yeux étincellent comme ceux

d'un homme poursuivi par une apparition. Le sang souille ses mains, sa chevelure est en désordre......

C'est lui, c'est lui, c'est Bothwellhaugh !

Il abandonne son coursier haletant et près de succomber ; il brise contre terre sa carabine, fumante encore d'un meurtre récent.

— Il est doux, dit-il d'une voix farouche, il est doux d'entendre résonner le cor dans les forêts ; mais il est cent fois plus doux encore d'écouter les derniers soupirs d'un tyran.

Le roi puissant des forêts calédoniennes, que je vois percé de vos javelots, parcourait avec fierté les vallons et les collines ; mais avec plus d'orgueil encore s'avançait le lâche Murray, au milieu des flots du peuple, dans la ville de Linlithgow.

Il venait en triomphe des frontières ravagées, et Knox, oubliant, pour lui l'orgueil de sa dévotion, souriait en contemplant la pompe qui entourait le traître.

Mais la puissance avec tout son orgueil, la pompe avec tout son éclat, peuvent-elles ébranler le cœur qui a juré de se venger ? peuvent-elles arrêter les projets du désespoir ?

J'arme ma carabine, et je choisis un poste secret et obscur comme le coup que je médite ; j'attends que les lanciers de l'Écosse et les archers de l'Angleterre défilent près de moi.

Morton, odieux instrument des assassinats, s'avance le premier à la tête d'une troupe armée ; je reconnais les plaids bariolés des clans sauvages de Macfarlane, qui agitent leurs larges claymores.

Je vois Glencairn et Parkhead, qui tiennent humblement les rênes du coursier de Murray ; je vois Lindsay, dont l'œil implacable ne fut point ému des larmes de la belle Marie.

Au milieu d'une forêt de piques surmontées de bannières, flottait le panache du régent; à peine s'il pouvait faire un pas, tant ses flatteurs se pressaient autour de lui.

Sa visière était haute, ses yeux parcouraient les rangs de ceux qui l'entouraient; il brandissait son glaive comme pour donner des ordres à ses soldats.

Cependant la tristesse mal dissimulée qu'on lisait sur son front trahissait un sentiment de doute et de crainte; quelque démon lui disait tout bas : — Défie-toi de Bothwellhaugh outragé.

Le plomb de la mort vole...... le coursier tressaille...... La voix du tumulte retentit...... le panache de Murray vacille, le tyran tombe pour ne plus se relever.

Quel est le ravissement du jeune homme amoureux qui entend celle qu'il aime lui avouer qu'il a touché son cœur! Quelle est la joie d'un père qui perce de sa lance le loup dont la dent cruelle a blessé son fils bien-aimé!

Mais il fut mille fois plus doux pour moi de voir rouler l'orgueilleux Murray dans la poussière, et d'entendre son ame perfide s'échapper avec un douloureux gémissement.

L'ombre de ma Marguerite errait près de là; elle a pu contempler sa victime sanglante; elle a pu faire retentir à son oreille presque insensible : — Souviens-toi des outrages de Bothwellhaugh.

Noble Châtellerault, hâte-toi donc, déploie tes bannières; que tous tes guerriers s'arment de leurs arcs. Murray n'est plus, l'Écosse est libre!

Tous les guerriers courent à leurs coursiers; leurs

clameurs sauvages se mêlent aux sons bruyans de leurs cors : — Murray n'est plus, s'écrient-ils, l'Écosse est libre..... Arran, prépare ta lance....

.... Mais le charme magique qui avait abusé le ménestrel a cessé..... Je ne vois plus les fers étincelans des piques ; les cris de guerre expirent avec la brise, ou se perdent dans le murmure de l'Evan solitaire.

Les sifflemens du merle ont remplacé les fanfares sonores du cor, et les tours crénelées d'Evandale sont de nouveau cachées sous le lierre.

Au lieu de ces chefs armés pour la vengeance et excitant leurs clans au carnage, je n'aperçois plus qu'une noble beauté, qui dirige avec grace les rênes de soie de son coursier.

Puissent la paix et le plaisir sourire long-temps aux dames qui daignent écouter le ménestrel! qu'elles embellissent long-temps de leur présence les rives fleuries d'Evandale.

NOTES

DU CHATEAU DE CADYOW.

Note 1ro. — *A la tête de la troupe.*

Le chef de la famille des Hamilton, à cette époque, était Jacques, comte d'Arran, duc de Châtellerault, en France, et premier pair d'Écosse en 1569 : il fut nommé par la reine Marie son lieutenant général en Écosse, avec le titre singulier de son père adoptif.

Note 2. — *Le taureau des montagnes.*

In Caledoniâ olim frequens erat silvestris quidam bos, nunc vero rarior; qui, colore candidissimo, jubam densam et demissam instar leonis gestat, truculentus ac ferus, ab humano genere abhorrens, ut quæcumque homines vel manibus contrectârunt, vel halitu perflaverunt, ab iis multos post dies omnino abstinuerint. Ab hoc tanta audacia huic bovi insita erat, ut non solùm irritatus equites furenter prosterneret, sed ne tantillum lacessitus omnes promiscue homines cornibus ac ungulis peteret, ac canum, qui apud nos ferocissimi sunt, impetus plane cotemneret. Ejus carnes cartilaginosæ, sed saporis suavissimi. Erat is olim per illam vastissimam Caledoniæ sylvam frequens; sed humana ingluvie jam assumptus, tribus tantum locis est reliquus, Strivilingii, Cumbernaldiæ et Kincarniæ. (Leslæus, *Scotiæ descriptio*, p. 13.)

NOTES DU CHATEAU DE CADYOW.

Note 3. — *Lord Claude Hamilton.*

C'était le second fils du duc de Châtellerault, et l'un des plus fidèles partisans de la reine Marie. Il est l'ancêtre du marquis d'Abercorn.

Note 4. — *Woodhouselee.*

Cette baronnie, située sur les bords de l'Esk, appartenait à Bothwellhaugh. Les ruines de la demeure dont sa femme fut expulsée d'une manière si brutale qu'elle en mourut après avoir perdu la raison, subsistent encore dans un petit vallon du côté de la rivière. La crédulité populaire les fait encore habiter par lady Bothwellhaugh, qu'on confond cependant avec le spectre de lady Anne Bothwell, dont la complainte est si répandue : ce spectre est si jaloux de sa propriété, qu'une partie des pierres de l'ancien édifice ayant été employées à rebâtir ou à réparer la maison qui a remplacé Woodhouselee, il a cru qu'il avait le droit de se faire voir dans cette nouvelle habitation. Il n'y a pas long-temps qu'il a causé de grandes frayeurs aux domestiques. Il y a pourtant quatre milles des ruines de l'ancien Woodhouselee au nouveau; mais les fantômes iraient réclamer leur bien au bout du monde : celui-ci apparaît toujours vêtu de blanc, avec un enfant dans ses bras.

Note 5. — *Sa main armée d'un poignard sanglant.*

Birrell nous apprend que Bothwellhaugh étant poursuivi de près, et n'ayant plus ni fouet ni éperons, tira sa dague et en piqua son cheval par-derrière : l'animal, excité de cette sorte, sauta un large fossé, ce qui sauva le meurtrier.

Note 6. — *J'arme ma carabine.*

On conserve encore à Hamilton la carabine qui servit à tuer le régent.

Note 7. — *Ses flatteurs se pressaient autour de lui.*

John Knox avait averti le régent du complot par des avis répétés. On prétend que Murray savait même dans quelle maison le meurtrier l'attendait. Égaré par cet entêtement fatal qui conduit l'homme à sa perte, il crut qu'en pressant son cheval devant la maison désignée, il éviterait le danger. Mais la foule donna, sans le vouloir, à Bothwellhaugh le temps d'exécuter son assassinat.

FIN DES NOTES DU CHATEAU DE CADYOW.

LE MOINE

DE SAINT-BENOIT.

(The Grey Brother.)

LE MOINE

DE SAINT-BENOIT.

FRAGMENT.

Si je publie cette ballade sans la terminer, je dois dire que mon but n'a pas été de lui donner cette sorte d'intérêt qui naît souvent d'une curiosité désappointée. J'avouerai que mon intention était de poursuivre le récit jusqu'à la fin; mais je n'ai jamais pu être content de mon travail, et si je joins ce fragment à mes œuvres poétiques, c'est par déférence à l'avis de quelques personnes dont l'opinion mérite des égards, et qui se sont opposées à mon projet de supprimer entièrement mon Moine de Saint-Benoît.

La tradition qui m'en a fourni l'idée est connue dans le comté de Mid-Lothian, où se trouve la maison appelée aujourd'hui Gilmerton-Grange, et à qui jadis on avait donné le nom de Burndale, d'après l'aventure tragique que je vais rapporter.

La baronnie de Gilmerton appartenait autrefois à un seigneur nommé Heron qui avait une fille de la plus grande beauté. Cette jeune personne fut séduite par l'abbé de Newbattle, couvent richement doté sur les rives de l'Esk, et qu'habite aujourd'hui le marquis de Lothian. Heron fut informé des amours de sa fille, et sut aussi que le moine avait été favorisé dans ses criminelles intentions par sa nourrice, qui demeurait dans cette maison de Gilmerton-Grange. Il conçut le projet d'une terrible vengeance sans être arrêté ni par le saint caractère dont le préjugé revêtait les ecclésiastiques, ni par les droits plus sacrés de la nature.

Il choisit une nuit sombre et orageuse, pendant laquelle les amans s'étaient donné rendez-vous; il fit entasser autour de la maison des broussailles desséchées avec d'autres combustibles, et y mit le feu. La maison et ceux qu'elle renfermait ne formèrent bientôt plus qu'un amas de cendres.

Le début de ma ballade m'a été suggéré par ce curieux extrait de la vie d'Alexandre Peden, l'un de ces apôtres errans et persécutés de la secte des caméroniens sous le règne de Charles II et de son successeur Jacques. Cet Alexandre Peden passait dans l'esprit de ses prosélytes pour être doué d'une puissance surnaturelle : peut-être se l'était-il persuadé à lui-même; car les lieux sauvages que ces malheureux fréquentaient et 'es dangers continuels qu'ils couraient dans leur état de proscription, ajoutaient encore à la sombre superstition de ce siècle d'ignorance.

A peu près dans ce même temps Alexandre Peden, dit son biographe, fut dans la maison d'André Normand, où il devait prêcher pendant la nuit. Après être entré il s'arrêta un moment et s'appuya sur le dos d'un fauteuil en se couvrant la tête. Soudain il se relève, et dit : Il y a quelqu'un dans cette maison pour qui je n'ai aucune parole de salut. Après quelques momens de silence il ajouta : Il est étrange que le démon refuse de sortir pour nous empêcher de commencer la bonne œuvre.

Alors une femme sortit; c'était une vieille qui avait toujours été vue de mauvais œil, et qui passait même pour sorcière.

(*La vie et les prophéties d'Alexandre Peden, ex-ministre du saint Évangile à New-Glenluce, partie II*, § 26.)

LE MOINE

DE SAINT-BENOIT.

FRAGMENT.

I.

Le pape célébrait le saint sacrifice avec le pouvoir qu'il a reçu du ciel d'effacer les péchés des hommes. C'était le grand jour de saint Pierre.

Le peuple était agenouillé dans le temple; chaque fidèle allait recevoir l'absolution de ses fautes en baisant le pavé de l'enceinte sacrée.

II.

Toute l'assemblée est immobile et muette au moment où les paroles de la grace vont retentir sous les voûtes.

Soudain le pontife tressaille de terreur; la voix lui manque; et lorsqu'il veut élever le calice il le laisse tomber à terre.

III.

— Le souffle d'un grand coupable, s'écrie-t-il, souille

ce jour pieux; il ne peut partager notre croyance ni éprouver le saint effet de mes paroles.

C'est un homme dont aucune bénédiction ne peut calmer le cœur troublé; c'est un malheureux dont l'odieuse présence profane toutes les choses saintes.

IV.

Lève-toi, misérable, lève-toi et fuis; crains mes imprécations. Je t'ordonne de ne plus étouffer ma voix par ton aspect profane; fuis.

Au milieu du peuple était agenouillé un pèlerin recouvert d'un capuchon gris; venu des rives lointaines de sa terre natale, il voyait Rome pour la première fois.

V.

Pendant quarante jours et quarante nuits il n'avait proféré aucune parole, et toute sa nourriture avait été du pain et l'eau des fontaines.

Au milieu du troupeau de pénitens aucun n'était prosterné avec plus d'humilité; mais lorsque le pontife eut parlé il se leva et sortit.

VI.

Il reprit le chemin de sa terre natale, et dirigea ses pas fatigués vers les plaines fertiles du Lothian et vers la cime azurée des montagnes de Pentland.

Il revit les ombrages de l'Esk, berceau de son enfance, et cette rivière si douce qui porte à la mer le tribut de ses flots argentés.

VII.

Des seigneurs accoururent au-devant du pèlerin; des vassaux vinrent fléchir le genou devant lui; car parmi les chefs guerriers de l'Écosse aucun n'était aussi brave que lui.

Il avait versé plusieurs fois son sang pour sa patrie, et les rives du Till avaient été témoins de ses exploits.

VIII.

Salut, lieux ravissans où coulent les ondes limpides de l'Esk; salut, cimes aériennes des rochers, et vous ombrages inaccessibles aux rayons du soleil.

C'est là que le poète est heureux de s'égarer avec la Muse; c'est là que la beauté peut trouver un asile discret pour parler de ses amours!

IX.

Qui n'admirerait la noble architecture de ce château d'où le cor annonce l'arrivée des rois? Qui ne se plairait sous les noisetiers d'Auchendinny et près de Woodhouselee qu'habite un blanc fantôme.

Qui ne connaît les bocages de Melville, les vallons de Roslin, Dalkeith, asile de toutes les vertus, et Hawthorden, que le nom de Drummond a rendu classique?

X.

Cependant le pèlerin évite tous ces lieux enchanteurs, et chaque jour il suit le sentier solitaire qui conduit à la ferme incendiée de Burndale.

Ce lieu est d'un aspect triste; le désespoir seul pourrait s'y plaire; les murs en ruines semblent menacer de leur chute celui qui s'en approche, et la toiture est noircie par les traces du feu.

XI.

C'était un soir d'été; les rayons affaiblis du jour arrêtés sur la crête de Carnethy la nuançaient d'une teinte de pourpre.

La cloche du couvent annonçait l'heure des vêpres dans les chênes de Newbattle; à l'hymne de la vierge céleste se mêlait la voix solennelle de l'airain.

XII.

Le vent apporta les derniers sons de cette harmonie religieuse à l'oreille du pèlerin au moment où il s'avançait dans le sentier accoutumé.

Plongé dans ses rêveries profondes, il levait enfin les yeux lorsqu'il fut parvenu à ce séjour mélancolique où l'œil ne pouvait apercevoir que des ruines.

XIII.

Il soupira avec amertume en contemplant ces murs calcinés, et un moine de Saint-Benoît étendu sur une pierre.

— Que le Christ t'écoute, dit le serviteur du ciel, tu es sans doute quelque pèlerin malheureux? Lord Albert le fixe avec des yeux surpris et attristés, mais il ne répond rien.

XIV.

— Viens-tu de l'Orient ou de l'Occident? demanda le moine. Apportes-tu de saintes reliques, as-tu visité la châsse de saint Jacques de Compostelle, ou viens-tu de la chapelle de saint Jean de Beverley?

— Je ne viens point du pèlerinage de Compostelle; je n'apporte point des reliques d'Orient, mais j'apporte une malédiction de notre Saint-Père le pape, une malédiction qui me suivra partout.

XV.

— Cesse de le croire, infortuné pèlerin! Fléchis le genou devant moi, et confesse ton crime afin que je puisse t'absoudre.

— Et qui es-tu, moine, pour avoir le droit de me remettre mes péchés, lorsque celui qui tient les clefs du ciel et de la terre n'a pu m'en accorder le pardon.

XVI.

— Je viens, dit le moine, d'un climat lointain; j'ai parcouru plus de mille lieues exprès pour venir absoudre un coupable d'un crime commis dans ce lieu même.

Le pèlerin s'agenouilla, et commença en ces termes sa confession, pendant que le moine appuyait une main glacée sur sa tête humblement fléchie. . . . .

. . . .

NOTES

DU MOINE DE SAINT-BENOIT.

Note 1re. — Même paragraphe.

La baronnie de Pennycuik, appartenant à sir George Clerk, soumet son propriétaire à une singulière obligation : il est tenu de monter sur un large quartier de roche, et d'y donner trois fois du cor chaque fois que le roi vient chasser dans le Borough-Muir. On admire à juste titre le château de Pennycuik, tant pour son architecture que pour le paysage qui l'avoisine.

Note 2. — Même paragraphe.

Auchendinny sur l'Esk, en dessous de Pennycuik, est la demeure actuelle de l'ingénieux H. Mackenzie, auteur de *l'Homme sensible* (*the Man of feeling*).

Note 3. — Même paragraphe. — *Roslin, Dalkeith*.

Le château et la vallée romantique de Roslin, jadis habité par la famille de Saint-Clair, appartient aujourd'hui au comte de Roslin.

Dalkeith est la résidence de la famille Bucclouch.

C'est à Hawthornden qu'habitait le poète Drummond. Une maison d'une date plus moderne y est entourée par les ruines de l'ancien château, et suspendue sur un précipice.

C'est là que Drummond reçut Ben-Jonson, qui vint de Londres à pied pour le voir.

L'Esk, depuis sa source jusqu'à la mer, offre les sites les plus pittoresques de l'Écosse.

FIN DES NOTES DU MOINE DE SAINT-BENOÎT.

LE ROI DU FEU.

(The fire-King.)

« Il porte avec lui les bénédictions des mauvais
» génies, qui sont des malédictions véritables. »
(Conte oriental.)

AVERTISSEMENT

POUR LA BALLADE SUIVANTE.

Cette ballade fut composée à la demande de M. Lewis pour être insérée dans ses *Contes merveilleux*. Elle est la troisième des quatre qui forment la série consacrée aux esprits élémentaires. Cependant l'apostasie du comte Albert est presque historique. On lit dans les *Annales des croisades* qu'un chevalier du Temple, appelé Saint-Alban, passa du côté des Sarrasins et défit les chrétiens dans plusieurs batailles, jusqu'à ce qu'il pérît lui-même sous les murs de Jérusalem de la main de Baudouin.

LE ROI DU FEU.

BALLADE.

I.

Vaillans chevaliers et belles dames, prêtez l'oreille aux accords de ma harpe; je vais vous parler d'amour, de guerre et de prodiges; peut-être, au milieu de votre bonheur, donnerez-vous un soupir à l'histoire du comte Albert et de la tendre Rosalie.

II.

Voyez-vous ce château sur le roc escarpé? Voyez-vous cette jeune beauté les larmes aux yeux? Voyez-vous ce pèlerin qui revient de la Palestine? Des coquillages ornent son chapeau; il tient un bourdon à la main.

III.

Bon pèlerin, dis-moi, je t'en supplie, dis-moi quelles nouvelles tu apportes de la Terre-Sainte? où en est la guerre sous les remparts de Solime? que font nos guerriers, la fleur de notre noblesse?

IV.

— La victoire nous sourit sur les rives du Jourdain; nous avons conquis Gilead, Nablous et Ramah. Le ciel daigne récompenser la foi de nos chevaliers au pied du mont Liban; les païens fuient; les chrétiens triomphent!

V.

Une belle chaîne d'or était entrelacée dans les tresses de ses cheveux; Rosalie la pose sur la tête blanche du vieux pèlerin : — Bon pèlerin, dit-elle, reçois cette chaîne pour prix des nouvelles que tu as apportées de la Terre-Sainte.

VI.

Mais dis-moi, bon pèlerin, as-tu vu dans la Palestine le vaillant comte Albert? Lorsque le croissant a pâli devant la croix victorieuse, le comte Albert n'était-il pas le premier des chrétiens au pied du mont Liban?

VII.

— Belle demoiselle, l'arbre se pare de verdure, le ruisseau promène ses eaux argentées dans le vallon, ce château brave les assaillans, et l'espérance nous flatte et nous séduit : mais, hélas! belle demoiselle, tout ici bas ne fleurit que pour mourir.

VIII.

Le feuillage de l'arbre se flétrit, la foudre éclate, et consume les murs des châteaux, le cristal limpide des fontaines se trouble, et l'espérance s'envole... Le comte Albert est prisonnier sur le mont Liban!

IX.

Rosalie se procure un cheval rapide comme l'éclair; elle s'arme d'une bonne et fidèle épée; elle s'embarque pour la Palestine, résolue d'aller arracher le comte Albert à l'esclavage du soudan.

x.

Hélas! le comte Albert se souciait peu de Rosalie, le comte Albert tenait peu à sa foi et à son serment de chevalier. Une belle païenne avait conquis son cœur volage. C'était la fille du soudan qui régnait sur le mont Liban.

xi.

— Brave chrétien, lui a-t-elle dit, veux-tu obtenir mon amour, tu dois faire tout ce que j'exigerai de toi. Adopte nos lois et notre culte, tel est le premier gage de tendresse que te demande Zuléma.

xii.

Descends ensuite dans la caverne où brûle éternellement la flamme mystérieuse qu'adorent les Curdes; tu y veilleras pendant trois nuits en gardant le silence : ce sera le second gage d'amour que recevra de toi Zuléma.

xiii.

Enfin tu consacreras ton expérience et ta valeur à chasser de la Palestine les profanes chrétiens, j'accepterai alors le titre de ton épouse, car le comte Albert aura prouvé qu'il aime Zuléma.

xiv.

Albert a jeté de côté son casque et son épée, dont la garde figurait une croix; il a renoncé au titre de chevalier, et a renié son Dieu, séduit par la beauté de la fille du mont Liban; il a pris le cafetan vert, et paré son front du turban.

xv.

Dès que la nuit arrive, il descend dans le caveau souterrain dont cinquante grilles et cinquante portes de fer défendent l'accès. Il veille jusqu'au retour de l'aurore, mais il ne voit rien si ce n'est la lueur de la flamme qui brûle sur l'autel de pierre.

XVI.

La princesse s'étonne, le soudan partage sa surprise; les prêtres murmurent en regardant Albert; ils cherchent dans ses vêtemens, et y trouvent un rosaire, qu'ils lui arrachent et jettent aussitôt.

XVII.

Il redescend dans la caverne, et y veille toute la nuit en écoutant le sifflement lointain des vents; mais rien d'extraordinaire ne frappe son oreille ou sa vue; la flamme continue à brûler sur l'autel solitaire.

XVIII.

Les prêtres murmurent; le soudan s'étonne de plus en plus pendant qu'ils chantent leurs airs magiques. On cherche encore sous les vêtemens d'Albert, et l'on trouve sur son sein le signe de la croix qu'y avait imprimé son père.

XIX.

Les prêtres s'efforcent de l'effacer, et y parviennent avec peine; l'apostat retourne dans l'antre mystérieux; mais en descendant il croit entendre quelqu'un qui lui parle à l'oreille : c'était son bon ange qui lui disait adieu.

XX.

Ses cheveux se hérissent sur sa tête, son cœur s'émeut et s'agite; il recule cinq pas, hésitant de poursuivre sa route; mais son cœur était endurci... et bientôt le souvenir de la fille du mont Liban étouffe tous ses remords.

XXI.

A peine a-t-il dépassé le premier arceau de cette voûte souterraine que les vents soufflent des quatre points du ciel; les portes de fer s'ébranlent et gémissent sur leurs gonds; le redoutable roi du feu arrive sur l'aile de l'ouragan.

XXII.

La caverne tremble à son approche, la flamme s'élève avec un nouvel éclat; les explosions volcaniques des montagnes proclament la présence du roi du feu.

XXIII.

L'œil ne peut mesurer sa taille ni distinguer sa forme; le tonnerre est son souffle, l'orage est sa voix : ah! sans doute le cœur vaillant du comte Albert s'émut en voyant le roi des flammes environné de toutes ses terreurs.

XXIV.

Sa main tenait une large épée brillant d'une lueur bleuâtre à travers la fumée; le mont Liban tressaillit en entendant parler le monarque : — Avec cette épée, dit-il au comte, tu vaincras jusqu'au jour où tu invoqueras la Vierge et la croix.

XXV.

Une main à demi voilée par un nuage lui remet le fer enchanté que l'infidèle reçoit en fléchissant les genoux. La foudre gronde dans le lointain, la flamme pâlit au moment où le fantôme se retire sur l'ouragan.

XXVI.

Le comte Albert se réunit aux guerriers païens : son cœur est perfide; mais son bras est tout-puissant. La croix cède, et le croissant triomphe depuis le jour où le comte a embrassé la cause des ennemis du Christ.

XXVII.

Depuis les cèdres du Liban jusqu'aux rives du Jourdain les sables de Samaar furent inondés du sang des braves ; enfin les chevaliers du Temple et les chevaliers de Saint-Jean vinrent avec le roi de Salem secourir les soldats de la croix.

XXVIII.

Les cymbales résonnent, les clairons leur répondent; les lances sont en arrêt; les deux armées en viennent aux mains. Le comte Albert renverse chevaux et cavaliers, et perce les rangs des chrétiens pour rencontrer le roi Baudouin.

XXIX.

Le bouclier orné d'une croix rouge eût été une vaine défense pour le roi chrétien contre l'épée magique du comte Albert; mais un page se précipite entre les deux adversaires, et fend le turban du fier renégat.

XXX.

Le coup fut si violent que le comte fléchit la tête jusque sur le pommeau de sa selle, comme s'il eût rendu hommage au bouclier du croisé, et il laissa involontairement échapper ces mots: *Bonne grace, Notre-Dame* (1)!

XXXI.

L'épée enchantée a perdu toute sa vertu ; elle abandonne la main du comte, et disparaît à jamais ; — il en est qui prétendent qu'un éclair la reporta au redoutable monarque du feu.

XXXII.

Le comte grince les dents; il étend sa main armée du

---

(1) Expression consacrée du temps. — Éd.

gantelet, et d'un revers il jette le jeune téméraire sur le sable. Le casque brisé du page laisse voir en roulant ses yeux bleus et les boucles d'or de sa chevelure.

XXXIII.

Le comte Albert reconnaît avec horreur ces yeux éteints et ces cheveux souillés de sang. Mais déjà les Templiers accourent semblables au torrent de Cédron, et le fer de leurs longues lances immole les soldats musulmans.

XXXIV.

Les Sarrasins, les Curdes et les Ismaélites reculent devant ces religieux guerriers; les vautours se rassasièrent des cadavres de ces infidèles depuis les sources de Bethsaida jusqu'aux collines de Nepthali.

XXXV.

La bataille est terminée sur la plaine de Bethsaida... Quel est ce païen étendu parmi les morts? quel est ce page immobile à ses pieds?... C'est le comte Albert et la belle Rosalie.

XXXVI.

La jeune chrétienne fut ensevelie dans l'enceinte sacrée de Salem; le comte fut abandonné aux vautours et aux chacals. Notre-Dame prit en merci l'ame de Rosalie, celle d'Albert fut portée par l'ouragan au roi des flammes.

XXXVII.

Le ménestrel chantait ainsi sur sa harpe le triomphe de la croix et la défaite du croissant. Les seigneurs et les dames soupirèrent au milieu de leur gaieté, en entendant l'histoire du comte Albert et de la belle Rosalie.

FIN DU ROI DU FEU.

THOMAS LE RIMEUR.

EN TROIS PARTIES.

(Thomas the Rhymer.)

THOMAS LE RIMEUR.

INTRODUCTION

A LA PREMIÈRE PARTIE.

Il est peu de personnages aussi renommés dans la tradition que Thomas d'Erceldoune, connu par le surnom de Rimeur : réunissant le talent de la poésie à celui de prophétiser, Thomas est encore en grande vénération parmi ses concitoyens, cinq cents ans après sa mort.

Donner une histoire bien avérée de cet homme remarquable, ce serait un travail difficile; mais les curieux pourront encore nous remercier des particularités que nous avons rassemblées ici.

On convient généralement qu'Erceldoune fut la résidence et probablement aussi le lieu où naquit cet ancien barde. C'est un village situé sur le Leader, à deux milles au-dessus de sa jonction avec la Tweed. On désigne encore une vieille tour comme le château du Rimeur; les traditions s'accordent aussi à dire que son surnom était Lermont ou Learmont, et que celui de Rimeur lui fut donné à cause de ses compositions poétiques. Il reste encore cependant quelques doutes à éclaircir à ce sujet. Dans une chartre que nous citons ici (1), le fils de notre poète se désigne par le titre de *Thomas d'Erceldoune, fils et héritier de Thomas le Rimeur d'Erceldoune;* ce qui indiquerait que son père ne portait pas le nom héréditaire de Learmont, ou que du moins il était mieux connu et distingué par l'épithète qu'il avait acquise par son mérite personnel.

Je dois remarquer cependant que jusqu'à une époque très-reculée ce fut une habitude commune, et même nécessaire parmi les clans des frontières, de désigner les parties contractantes, même dans des écrits importans, par les épithètes qui leur avaient été données pour des qualités personnelles, plutôt que par les surnoms de famille.

(1) *Extrait du Cartulaire de la Trinité de Soltra.* (Bibliothèque des avocats à Édimbourg.)

ERSYLTON.

Omnibus has litteras visuris vel audituris Thomas de Ercildoun, filius et hæres Thomæ Rymour de Ercildoun, salutem in Domino. Noveritis me per fustem et baculum in pleno judicio resignasse ac per præsentes quietem clamasse pro me et heredibus meis, Magistro domus sanctæ Trinitatis de Soltre et fratribus ejusdem domus totam terram meam cum omnibus pertinentibus suis, quam in tenemento de Ercildoun hereditarie tenui, renunciando de toto pro me et heredibus meis omni jure et clam eoque ego seu antecessores mei in eadem terra alioque tempore de perpetuo habuimus sive de futuro habere possumus. In cujus rei testimonio, præsentibus his sigillum meum apposui. Data apud Ercildoun, die martis proximo post festum sanctorum apostolorum Symonis et Judæ, anno Domini millesimo ducentesimo nonagesimo nono.

Éd.

A LA PREMIÈRE PARTIE.

Il est plus facile de fixer l'époque à laquelle vivait Thomas d'Erceldoune. C'était à la fin du treizième siècle. Je serais assez d'avis de le faire vivre moins long-temps que ne le veut M. Pinkerton, qui suppose (dans ses *Poètes écossais*) qu'il vivait encore en 1300 ; ce qui est presque contredit par la date de la chartre déjà citée, où le fils du Rimeur dispose des propriétés de la famille.

On ne peut douter que Thomas d'Erceldoune ne fût un personnage remarquable et important de son temps, puisque peu de temps après sa mort nous le voyons célébré déjà comme prophète et comme poète. Il n'est guère possible de décider si le premier de ces deux titres lui fut conféré gratuitement par la crédulité de la postérité, ou s'il prétendit se l'attribuer de son vivant.

Si nous croyons Mackenzie, Learmont ne fit que mettre en vers les prédictions d'Élisa, nonne inspirée d'un couvent d'Haddington ; mais Mackenzie ne le prouve nullement ; au contraire, tous les anciens auteurs qui citent les prophéties de Thomas les donnent comme de lui.

Quelques doutes qui puissent s'élever parmi les savans sur la source de la science prophétique du Rimeur, le vulgaire n'a jamais hésité à l'attribuer aux entretiens qu'il eut avec la reine des fées. Un conte populaire dit que Thomas fut emmené dans sa jeunesse dans le royaume de féerie (fairy land), où il acquit toute la science qui le rendit depuis si fameux. Après sept ans de séjour dans ces régions fantastiques, il obtint la permission de descendre sur la terre pour éclairer et surprendre ses compatriotes par ses talens prophétiques, mais en restant à la disposition de sa souveraine et ayant promis de retourner à elle aussitôt qu'elle l'exigerait (1).

En conséquence, pendant que Thomas se réjouissait avec ses amis dans son château d'Erceldoune, une personne vint lui annoncer avec toutes les marques de la crainte et de l'étonnement qu'un cerf et une biche avaient abandonné la forêt voisine et se promenaient librement dans le village (2) : le prophète se leva au même instant, alla trouver les deux animaux, les suivit, et ne revint plus. Selon la croyance populaire, il habite encore le pays des fées. Quelque jour, à ce qu'on prétend, il viendra rendre de nouveau visite aux habitans de la terre; en attendant, sa mémoire est en grande vénération. L'arbre d'Eildon, sous lequel il débitait ses prophéties, n'existe plus, mais la place est marquée par une large pierre, appelée la pierre d'Eildon; un ruisseau voisin est désigné par le nom de *Bogle-Burn* (ruisseau des esprits), à cause des entretiens que le barde avait avec eux.

Le respect dont on entourait le lieu où habita Thomas d'Erceldoune s'étendit même à un certain degré jusque sur un homme qui choisit pour sa résidence la tour en ruines de Learmont, à une époque moderne : c'était une espèce d'herboriste appelé Murray, qui parvint à se faire pendant plusieurs années une réputation de sorcier par quelque connaissance des simples, la possession

(1) Voyez une dissertation sur les fées, qui précède la ballade de Tamlane dans les ballades et chants populaires, etc. *Minstrelsy of the Scottish border.* — Éd.

(2) Il y a une singulière analogie entre cette traduction et un incident qu'on trouve dans la vie de *Merlin Caledonius*. Nous y reviendrons plus tard. — Éd.

d'une horloge musicale, une machine électrique et un alligator empaillé, mais surtout par ses communications supposées avec Thomas le Rimeur.

Il eût paru impardonnable à l'auteur, en donnant la ballade suivante, de se contenter d'un simple commentaire, quand il s'agit d'un personnage aussi important dans nos traditions que Thomas le Rimeur.

Cette ballade est tirée d'un manuscrit que nous a confié une dame qui habite près d'Erceldoune; elle a été corrigée et augmentée dans la copie de mistress Brown.

L'auteur s'est hasardé d'y ajouter une seconde partie qui forme une espèce de centon tiré des prophéties communément attribuées au Rimeur, et une troisième tout-à-fait moderne, fondée sur la tradition qui fait retourner Thomas au pays des fées avec le cerf et la biche.

Pour me concilier le suffrage des antiquaires, plus difficiles, j'ai ajouté à la seconde partie quelques remarques sur les prédictions de Learmont.

THOMAS LE RIMEUR.

PREMIÈRE PARTIE.

I.

Thomas était couché sur les rives de l'Huntlie : il aperçut soudain un spectacle merveilleux ; une dame brillante de beauté descendit de son palefroi auprès de l'arbre d'Eildon.

II.

Sa robe était de soie verte, son manteau d'un riche velours ; à la crinière flottante de son coursier pendaient cinquante-neuf clochettes d'argent.

III.

Thomas se découvre la tête, et fait une profonde salutation.... — Salut, dit-il, puissante reine du ciel, car je n'ai jamais vu ton égale sur la terre.

IV.

— Non, Thomas, répondit-elle, non, ce titre ne m'appartient pas : je ne suis que la reine du pays des fées. Je viens ici pour te visiter.

V.

— Prends ta harpe, et suis-moi, Thomas, répétait-elle, et si tu oses approcher tes lèvres des miennes, ce baiser me rendra maîtresse de toi.

VI.

— Advienne ce que pourra; heur ou malheur, dit-il, ce destin ne saurait jamais m'effrayer.

Thomas baisa ses lèvres de rose sous l'arbre d'Eildon.

VII.

— Maintenant, reprit-elle, Thomas, tu es obligé de me suivre; tu me serviras pendant sept ans, qu'il t'arrive heur ou malheur.

VIII.

Elle remonte sur son palefroi couleur de lait; elle prend Thomas en croupe; et, docile à la main qui guide ses rênes, le coursier vole rapide comme le vent.

IX.

Ils voyagèrent bien loin; rien ne ralentissait l'ardeur du coursier, jusqu'à ce qu'ils atteignirent un vaste désert, laissant derrière eux la terre habitée par les hommes.

X.

— Descends, fidèle Thomas, descends, dit la reine des fées; appuie ta tête sur mes genoux.... repose-toi quelques instans, et je te montrerai trois prodiges.

XI.

— Ne vois-tu pas ce sentier étroit, embarrassé par les

épines et les broussailles?.... c'est le sentier de la vertu; peu de gens le cherchent.

XII.

— Ne vois-tu pas cette route qui serpente au milieu des fleurs?.... c'est le chemin du vice, quoique quelques-uns l'appellent le chemin du ciel.

XIII.

— Ne vois-tu pas ce joli sentier qui tourne dans la bruyère?.... c'est le sentier qui mène au beau royaume des fées, où nous devons, toi et moi, nous rendre cette nuit.

XIV.

— Mais, Thomas, tu retiendras ta langue, quelque chose que tu puisses entendre ou voir; car si tu prononces une parole dans le pays des fées, tu ne retourneras plus dans ta terre natale.

XV.

Ils remontèrent sur le palefroi, et voyagèrent bien loin. Ils traversèrent des rivières, ayant de l'eau jusqu'au genou, et ne voyant ni soleil ni lune, mais entendant le mugissement de la mer.

XVI.

Il était nuit, et la nuit était sombre et sans étoiles. Ils marchèrent dans une mer de sang; car tout le sang qui se répand sur la terre va se mêler aux ruisseaux de cette contrée.

XVII.

Ils arrivèrent enfin dans un jardin vert. La reine cueillit une pomme sur l'arbre, et l'offrant à Thomas (1):

(1) Le commentaire de la tradition nous informe que la pomme donnée à Thomas était le produit de l'arbre fatal de la science, et

— Reçois, dit-elle, ce fruit pour ta récompense; il te donnera une langue qui ne pourra jamais mentir.

XVIII.

— Je ne pourrai donc plus disposer de ma langue, dit Thomas; vous me faites là un don précieux! Je ne pourrai donc plus acheter ni vendre en quelque lieu que je me trouve?

XIX.

— Je ne pourrai donc plus parler à un prince ou à un seigneur, ni demander aucune grace à une belle dame!

— Silence! reprit la reine en l'interrompant; il en sera comme j'ai dit.

XX.

Thomas fut revêtu d'un manteau de drap uni; il chaussa des sandales de velours vert, et pendant sept ans on ne le vit plus reparaitre sur la terre (1).

---

que le jardin était le paradis terrestre. La répugnance que Thomas éprouve à se défaire de l'usage du mensonge, alors qu'il pourrait lui être utile, est d'un effet comique. — Éd.

(1) Sir Walter Scott donne ici la copie d'un manuscrit ancien et incomplet, qui est l'original de l'intrigue du Rimour avec la reine des fées; nous ne pouvons que renvoyer le lecteur au texte.
Éd.

THOMAS LE RIMEUR.

INTRODUCTION

A LA SECONDE PARTIE.

Ce sont surtout les prophéties attribuées à Thomas d'Erceldoune qui ont consacré sa mémoire parmi *les enfans de sa nation*. L'auteur de sir Tristrem serait allé depuis long-temps joindre dans la vallée de l'oubli Clerk de Tranent, qui écrivit les aventures de *Schir Gawain*. Mais, par bonheur, la même superstition qui fait que les lazzaroni de Naples regardent Virgile comme un magicien, a élevé le barde d'Erceldoune au rang de prophète.

Peut-être lui-même y prétendit-il pendant sa vie. Nous savons du moins que déjà peu de temps après sa mort on parlait de ses connaissances surnaturelles. Ses prédictions sont citées par Barbour et par Winton, vulgairement appelé Harry l'aveugle.

Aucun de ces auteurs cependant ne donne le texte des prophéties du Rimeur; mais ils se contentent de raconter en historiens qu'il a prédit les événemens dont ils parlent.

La plus moderne des prophéties attribuées à Thomas d'Erceldoune est citée par M. Pinkerton d'après un manuscrit. C'est une réponse supposée faite à la comtesse de March, cette héroïne renommée par la défense du château de Dunbar contre les Anglais, et appelée dans le dialecte familier de son temps la noire Agnès de Dunbar (1). Comme je n'ai jamais vu le manuscrit où sir Pinkerton a puisé cet extrait, et que ce savant en fixe la date au règne d'Édouard I, je me hasarde avec peine à le déclarer apocryphe.

Si j'osais me permettre une conjecture, je dirais que cette prophétie avait été arrangée en faveur des Anglais contre l'indépendance de l'Écosse. Il en est de même de celle qu'on supposa pour le régent duc d'Albany.

Le nom de Thomas d'Erceldoune a servi plusieurs fois d'autorité, et outre ces prophéties, publiées sous son nom, Gildas, personnage fictif, est supposé lui devoir toute sa science ; car il conclut en ces termes : — Voilà ce que m'a révélé dans des temps de malheur le véridique Thomas sur les collines d'Eildon.

Dans le recueil des prophéties écossaises réunies par Hart, le prophète Berlington dit aussi : — Merveilleux Merlin, et toi Thomas, interprète de l'avenir !

Puisque ce nom se présente, je demanderai la permission aux antiquaires d'appeler leur attention sur Merdwynn-Wyllt ou Merlin le sauvage, auteur des prophéties écossaises, qu'on ne doit point confondre avec Ambroise Merlin, l'ami d'Arthur.

(1) Voyez les *Vues pittoresques d'Écosse*. — Éd.

Fordun nous apprend que ce personnage a habité Drummelziar, où il errait dans les bois comme un autre Nabuchodonosor, pleurant le meurtre de son neveu. Dans le *Scotichronicon* il est rapporté une entrevue entre saint Kentigern et Merlin, surnommé alors *Lailovren* à cause de son genre de vie. Le saint lui commande de raconter son histoire; il dit alors que la pénitence qu'il accomplit lui a été imposée par une voix du ciel. Selon sa propre prédiction, Merlin périt à la fois par le bois, la terre et l'eau; car étant poursuivi à coups de pierres par des paysans, il tomba dans la Tweed, et fut transpercé par un pieu aigu qui avait été fixé à cet endroit pour placer un filet.

> *Sude perfossus, lapide percussus et unda,*
> *Hæc tria Merlinum fertur inire necem.*
> *Sicque ruit, mersusque fuit, lignoque pependit,*
> *Et fecit vatem per terna pericula verum.*

Mais dans une histoire en vers de Merlin de Calédonie, compilée par Geoffroy de Monmouth sur les traditions des poètes gallois, ce genre de mort est la destinée d'un page qu'une sœur de Merlin, qui désirait faire passer son frère pour un faux prophète, parce qu'il avait découvert ses intrigues, envoya sous trois déguisemens lui demander de quelle mort il périrait. La première fois Merlin répondit à celui qui le consultait qu'il périrait en tombant d'un rocher, la seconde qu'il mourrait par un arbre, et la troisième en se noyant; ce qui arriva en effet au page, à peu près comme Fordun veut qu'il soit arrivé à Merlin lui-même.

En opposition avec les autorités galloises, Fordun confond ce second Merlin avec le Merlin d'Arthur. Mais il conclut en nous assurant que plusieurs auteurs en reconnaissaient deux.

Le tombeau de Merlin est montré aux étrangers à Drummelziar, dans la vallée de Teviot, sous une antique aubépine. Au couchant du cimetière, le ruisseau appelé Pansayl tombe dans la Tweed, et la prophétie suivante courut, dit-on, au sujet de la réunion des eaux de la Tweed et du Pansayl.

> Quand la Tweed et le Pansayl se réuniront au tombeau de Merlin, l'Écosse et l'Angleterre n'auront plus qu'un monarque.

Le jour du couronnement de Jacques VI la Tweed déborda, et joignit en effet le Pansayl, au tombeau du prophète.

La mémoire de Merlin était en vénération en Écosse sous le règne de Jacques V. Waldhave (1), sous le nom duquel un livre de prophéties fut publié, se représente lui-même comme étendu sur le sommet du Lomond-Law, lorsqu'il entendit une voix qui lui criait de se tenir sur la défensive. Il tourne la tête, et aperçoit un troupeau de lièvres et de renards (2), poursuivis sur les

---

(1) Je ne sais si ce ne serait pas un certain Waldhave, abbé de Melrose, mort en odeur de sainteté en 1160. — Éd.

(2) Cette étrange occupation de Merlin s'exprime par un passage de sa vie, dans la compilation déjà citée de Geoffroy de Monmouth.

Le poète, après avoir raconté que le prophète s'était réfugié dans une forêt après avoir été atteint de folie, ajoute qu'en regardant les astres un soir que le ciel était pur, ses connaissances en astronomie lui apprirent que sa femme Guendolen devait prendre un autre mari le lendemain. Il lui avait prédit que cela devait arriver, et lui avait promis de lui offrir lui-même un cadeau de noces,

montagnes par une espèce de sauvage auquel on avait de la peine à donner le nom d'homme. A la vue de Waldhave, le chasseur abandonne ces animaux qui fuyaient devant lui, et l'attaque avec une massue. Waldhave se défend avec son épée, jette le sauvage par terre, et refuse de le laisser se relever, jusqu'à ce qu'il lui ait juré

en l'avertissant toutefois de tenir son successeur loin de sa vue. Merlin se décida donc à lui prouver qu'il était homme de parole. Il rassembla tous les cerfs et tout le menu gibier de la banlieue, et, prenant pour monture un daim, il conduisit son troupeau jusqu'à la capitale du Cumberland, où résidait Guendolen. Mais la curiosité du prétendu l'ayant amené trop près de cette cavalcade extraordinaire, Merlin sentit renaître sa fureur à sa vue, et le tua avec un bois de cerf.

Voici l'original de cet épisode :

>Dixerat : et silvas et saltus circuit omnes.
>Cervorumque greges agmen collegit in unum,
>Et damas, capreasque simul, cervoque resedit ;
>Et veniente die, compellens agmina præ se,
>Festinans vadit quo nubit Guendolæna :
>Postquam venit eo patienter coegit
>Cervos ante fores, proclamans : Guendolæna!
>Guendolæna, veni ; te talia munera spectant.
>Ocius ergo venit subridens Guendolæna,
>Gestarique virum cervo miratur, et illum
>Sic parere viro, tantum quoque posse ferarum
>Uniri numerum quas præ se solus agebat,
>Sicut pastor oves, quas ducere suevit ad herbas..
>Stabat ab excelsa sponsus spectando fenestra,
>In solio mirans equitem, risumque movebat.
>Ast ubi vidit eum vates, animo quis esset,
>Calluit, exemplo divulsit cornua cervo
>Quo gestabatur, vibrataque jecit in illum,
>Et caput illius penitus contrivit ; eumque
>Reddidit exanimem, vitamque fugavit in auras ;
>Ocius inde suum talorum verbere, cervum
>Diffugiens egit, silvasque redire paravit.

par le Law et la cabane qu'il habite de ne lui faire aucun mal. A cette condition, il lui permet de se remettre sur ses pieds, et s'étonne de son aspect extraordinaire.

Il était fait comme un homme qui a ses quatre membres; mais une barbe si épaisse couvrait son menton et ses joues; ses cheveux étaient si touffus, qu'il faisait peur.

Il répond en peu de mots à Waldhave ce que Fordun lui fait dire à saint Kentigern.

Les prophéties de Merlin, comme celles de Thomas, semblent avoir été très-recherchées sous la minorité de Jacques V; car, parmi les amusemens que sir David Lindsay procurait à ce prince pendant son enfance, il compte :

Les Prophéties du Rimeur, de Merlin et de Bède.

(Sir DAVID LINDSAY, *Épître au Roi.*)

Avant de terminer cette espèce de dissertation sur les prophéties de notre pays d'Écosse, il est juste de remarquer que plusieurs vers qui passent pour des boutades prophétiques de Thomas sont encore en faveur parmi le peuple. C'est ainsi qu'on répète souvent ce qu'il a prédit au sujet de l'ancienne famille de Haig de Bemerside :

— Advienne que pourra, Haig de Bemerside aura toujours un enfant mâle.

Le grand-père du propriétaire actuel de Bemerside eut douze filles avant que sa femme pût lui donner un garçon. Le peuple tremblait pour la réputation de son prophète favori; Sir M. J. Haig naquit enfin, et Thomas le Rimeur fut prophète plus certainement que jamais.

Une autre prédiction mémorable dit que la vieille église de Kelso, construite sur les ruines de l'abbaye, s'écroulera lorsqu'elle sera pleine. Il y a trente ans que, pendant un sermon qui avait attiré une assemblée nombreuse, il tomba un morceau de plâtre de la voûte. L'alarme devint universelle, et heureux les fidèles qui se trouvèrent les plus voisins de la porte. J'espère, pour la conservation d'un des plus beaux monumens de l'architecture saxo-gothique, que la prédiction de Thomas ne s'accomplira pas de long-temps.

Corspatrick (Côme Patrick), comte de March, mais prenant plus souvent le titre de comte de Dunbar, joua un rôle important pendant la guerre d'Écosse sous Édouard Ier.

Comme Thomas d'Erceldoune avait fait à ce seigneur la prédiction de la mort d'Alexandre, j'ai cru devoir l'introduire dans la ballade suivante. Tous les vers prophétiques sont tirés du recueil publié par M. Hart.

THOMAS LE RIMEUR.

SECONDE PARTIE.

I.

Lorsque sept années se furent écoulées, un jour que le soleil brillait sur le lac et la rivière, Thomas se retrouva sur les bords de l'Huntlie, comme s'il se réveillait après un songe.

II.

Il entendit les pas bruyans d'un coursier; il vit étinceler une armure; un vaillant chevalier se dirigeait d'une course rapide vers l'arbre d'Eildon.

III.

C'était un chevalier de grande taille et qui semblait de la race des géans; il piquait les flancs de son palefroi avec des éperons d'or d'une forme élégante.

IV.

— Sois le bienvenu, dit-il à Thomas, sois le bienvenu; révèle-moi quelque étrange merveille.

Thomas répond : — Que le Christ veille sur toi, brave Corspatrick, généreux comte de Dunbar; sois trois fois le bienvenu !

V.

Descends près de moi, brave Corspatrick, et je te découvrirai trois grands malheurs qui menacent la belle Écosse, et qui doivent changer ses habits de fête en habits de deuil.

VI.

Un orage gronde en ce moment depuis les collines de Ross jusqu'à la mer de Solway.

— Tu mens, tu mens, vieux magicien ! car le soleil brille sur la terre et sur les flots.

VII.

Thomas mit la main sur la tête du comte, et lui fit voir un rocher du côté de la mer, où un monarque était étendu sans vie sous son coursier (1), et ses nobles chevaliers essuyaient leurs yeux humides.

VIII.

— La seconde malédiction que je t'annonce s'accomplira sur les collines de Branxton : au milieu des fougères de Flodden flottera une bannière rouge comme le sang, sous laquelle marcheront des chefs valeureux.

IX.

— Un roi d'Écosse viendra à leur rencontre ; il porte le lion sur son écu ; une flèche empennée, lancée par

---

(1) C'est le roi Alexandre, qui périt d'une chute de cheval auprès de Kinghorn. — Éd.

une main ennemie, le renversera sur le champ de bataille (1).

X.

En voyant couler le sang de la blessure, il dit encore à ses guerriers : — Pour l'amour du ciel, faites face à ces soldats du Sud, et forcez la victoire à vous suivre! Pourquoi perdrais-je aujourd'hui mes droits? Ce n'est pas aujourd'hui que je dois mourir (2).

XI.

— Maintenant, comte, tourne les yeux du côté de l'orient, et tu verras un spectacle de malheur, quarante mille soldats armés de lances sont rangés en bataille près du lieu où la rivière se perd dans la mer.

XII.

— C'est là que le lion perdra sa dorure, entièrement effacée par les léopards. Que de noble sang sera versé ce jour-là auprès de Pinkyn!

XIII.

— C'est assez, dit le comte, me montrer de revers; fais-moi voir maintenant quelque heureux événement, ou, sur ma foi, tu maudiras le jour où tu rencontras Corspatrick.

XIV.

— La première des bénédictions que je te vais révé-

---

(1) Bataille de Flodden-Field. — Éd.

(2) On fut long-temps incertain en Écosse sur le sort de Jacques IV, après la bataille de Flodden-Field. Il y en avait qui prétendaient que ce prince avait été en pèlerinage, et qu'on le verrait quelque jour venir réclamer sa couronne. Les Anglais soutenaient qu'il était mort, et montraient pour preuve sa dague et son épée; mais les Écossais les défiaient de montrer le baudrier que Jacques ne quittait jamais. — Éd.

ler s'accomplira près du ruisseau de Bannock-Burn (1); c'est là que les Saxons maudiront leurs arcs, en voyant leurs flèches tromper leur adresse.

XV.

— Non loin d'un pont qui n'existe pas encore, au lieu où l'onde du ruisseau est limpide et brillante, maint coursier roulera sur le sable et maint chevalier recevra le trépas.

XVI.

— Au pied d'une croix de pierre, les léopards verront échapper leur proie; les corbeaux viendront se désaltérer dans le sang des Saxons, la croix de pierre disparaîtra sous les cadavres amoncelés.

XVII.

— Mais dis-moi, demanda le vaillant Dunbar, dis-moi, véridique Thomas, qui gouvernera alors l'île de la Grande-Bretagne, depuis le nord jusqu'aux mers du sud?

XVIII.

— C'est d'une reine française que doit naître celui qui règnera sur la Grande-Bretagne. Il appartiendra au sang de Bruce jusqu'au neuvième degré.

XIX.

— Les mers les plus éloignées respecteront sa race; les habitans de nos îles parcourront l'immense plaine de l'Océan avec des rênes de chanvre et des coursiers de bois.

(1) The burn of Breid
    Shall run fow reid.
        (*Thomas's Rhymes.*)

INTRODUCTION

A LA TROISIÈME PARTIE (1).

Thomas le Rimeur fut célèbre parmi ses contemporains comme auteur du fameux roman de sir Tristrem. Il n'existe qu'une copie connue de ce poëme jadis si généralement admiré; on la trouve dans la Bibliothèque des avocats d'Édimbourg.

L'auteur (2) publia en 1804 une édition de cet ouvrage curieux : si elle ne ressuscite pas la grande réputation du barde d'Erceldoune, elle donne du moins un modèle de la poésie écossaise la plus ancienne qu'on ait jamais publiée. Ellis nous avait déjà fait connaître quelque chose de ce roman poétique dans son *Choix d'anciennes poésies*, vol. 1, pag. 165; ouvrage auquel nos prédécesseurs et la postérité sont également redevables, ceux-là parce qu'il est un monument de leur littérature,

(1) Cette partie est moderne.
(2) Voyez ci-après. — Éd.

ceux-ci parce qu'ils y trouvent une histoire de la langue anglaise qui sera intéressante aussi long-temps que le génie et la science qui l'ont illustrée.

Il doit suffire ici de dire que le roman de sir Tristrem était tellement renommé, que peu de personnes étaient jugées capables de le réciter comme l'auteur lui-même.

Il paraît, d'après un manuscrit curieux du treizième siècle, qui contient un roman en vers de sir Tristrem, que l'ouvrage de notre Thomas le Rimeur était connu et cité par les ménestrels de la Normandie et de la Bretagne : arrivé à un passage du Roman où les *rhapsodes* de ces temps féodaux différaient dans leurs versions, le barde français cite expressément l'autorité du poète d'Erceldoune :

>Plusurs de nos granter ne volent
>Co que del naim dire se solent,
>Ki femme Kaherdin dut aimer,
>Li naim redut Tristram narrer,
>E entusché par grant engin,
>Quant il afole Kaherdin;
>Pur cest plaie e pur cest mal,
>Enveiad, Tristran Guvernal,
>En Engleterre pur Ysolt
>Thomas ico granter ne volt,
>Et si volt pur raisun mostrer,
>Qu'ico ne put pas esteer, etc., etc., etc.

L'histoire de *sir Tristrem*, du manuscrit d'Édimbourg, diffère totalement du volumineux roman en prose compilé jadis par Rusticien de Pise et analysé par M. le comte de Tressan ; mais elle est d'accord dans toutes les particularités essentielles avec le poëme que je viens de citer, et qui est d'une antiquité beaucoup plus reculée.

THOMAS LE RIMEUR.

TROISIÈME PARTIE.

I.

Pendant sept ans le soleil avait parcouru son cercle accoutumé, la guerre exerçait ses fureurs en Écosse, et le Ruberslaw montrait au Dunyon sa cime couronnée de la flamme rouge des signaux.

II.

Aux alentours de Coldingknow des pavillons s'élèvent dans la plaine. Les cimiers des casques et les fers des lances étincellent dans les touffes du genêt.

III.

Le Leader, roulant ses ondes vers la Tweed, entend résonner l'ensenzie (1) sur ses rives; les chevreuils tressaillent et fuient depuis Caddenhead jusqu'aux bois lointains de Torwoodlee.

(1) Cri de guerre. — Éd.

IV.

On donne un grand festin à Erceldoune, dans l'antique château de Learmont : des chevaliers de renom et des dames vêtues de manteaux brodés d'or sont conviés au banquet.

V.

Ils n'attendirent pas vainement à table la musique et les agréables récits, les coupes remplies d'un rouge nectar, et les quaighs (1) couronnés de la mousse argentée de l'ale.

VI.

Quand le festin fut terminé, le prophétique Thomas se leva la harpe à la main (harpe magique qu'il avait obtenue pour prix de ses chants dans le royaume de féerie).

VII.

Le silence règne parmi les convives ; immobiles et muets, les harpistes pâlissent d'envie ; les lords armés s'appuient sur la garde de leurs épées, prêtant une oreille attentive.

VIII.

Le prophète commence ses chants magiques sur un mode élevé; aucun des bardes qui sont venus après lui n'a osé les continuer (2).

IX.

Des fragmens de ses nobles récits flottent encore sur le fleuve des années, comme on voit après la tempête les débris d'un naufrage surnager sur les vagues.

(1) Vase de bois formé de douves assemblées. — Éd.
(2) Voyez l'introduction. — Éd.

X.

Il chanta la table ronde d'Arthur et le chevalier du Lac; il dit comment le courtois Gawaine combattit avec valeur, et versa son sang pour l'amour des dames.

XI.

Mais ce fut surtout Tristrem et ses exploits que célébrèrent ses mélodieux accens. Aucun chevalier du temps d'Arthur ne surpassa le chevalier de Lionel.

XII.

Il reçut une blessure empoisonnée en soutenant les droits d'un oncle sans courage; ce fut pour le roi Marc qu'il immola le farouche Morolt sur le rivage d'Irlande.

XIII.

Aucun secret ne pouvait arrêter les progrès du poison; l'art d'Esculape échouait lorsque la main de lis de l'aimable Isolde (1) sonda la fatale blessure.

XIV.

Sa douce main et ses tendres paroles eurent plus de vertu que les simples; et, pendant qu'elle se penchait sur sa couche, Tristrem la paya de ses soins en lui donnant son cœur.

XV.

Présent funeste! hélas! une destinée ennemie a déjà condamné Isolde à être la reine de Cornouailles; elle est promise en mariage à l'oncle de Tristrem.

XVI.

Le barde aimé des fées célèbre en vers mélodieux leurs amours et leurs malheurs; il chante les fêtes où brillèrent tant de nobles chevaliers et de belles dames.

(1) L'Iseult du roman français. — Éd.

XVII.

La garde-joyeuse jetait partout son brillant éclat, et les merveilles du vallon enchanteur d'Avallon furent décrites par le ménestrel.

XVIII.

Il n'oublia pas Brengwain, Segramore, ni la science magique de Merlin. — Qui pouvait chanter comme Thomas les charmes puissans de ce fameux enchanteur ?

XIX.

Ses accords séduisans et variés firent passer tous les cœurs d'une passion à une autre, jusqu'à ce que les convives se crurent transportés autour du lit de Tristrem mourant.

XX.

Les cicatrices de ses anciennes blessures se sont ouvertes; son cœur souffre une cruelle agonie! où est la main blanche d'Isolde? où sont ses douces paroles?

XXI.

Elle arrive, elle arrive!.... les amans volent comme l'éclair ; ... elle arrive, elle arrive !..... Elle n'arrive que pour voir expirer Tristrem.

XXII.

Elle mêle dans un baiser son dernier soupir au sien; le couple le plus aimable qu'eût produit la Bretagne est réuni par la mort. —

XXIII.

La harpe s'est tue... ses derniers sons meurent doucement à l'oreille : les convives silencieux restent immobiles et penchés ; ils semblent écouter encore.

XXIV.

Bientôt la douleur éclate en faibles murmures ; ce ne

sont pas les dames seules qui soupirent; mais, honteux à demi, maint rude guerrier essuie ses joues basanées avec son gantelet de fer.

XXV.

Les vapeurs du soir sont suspendues sur les ondes du Leader et sur la tour de Learmont: chaque guerrier va chercher le repos dans le camp ou dans le château.

XXVI.

Lord Douglas, étendu dans sa tente, rêvait au mélancolique récit de Thomas, lorsque des pas légers viennent, dans l'ombre, frapper l'oreille du guerrier.

XXVII.

Il tressaille et se dresse: — Debout! Richard, debout! dit-il; lève-toi, mon page; quel téméraire ose donc venir pendant la nuit au lieu où Douglas repose?

XXVIII.

Le seigneur et son page sortent de leur tente; ils se dirigent vers les flots du Leader, et voient sur ses rives un spectacle étrange: c'étaient un cerf et sa biche, blancs comme la neige qui tombe sur Fairnalie.

XXIX.

Ils marchent de front au clair de la lune, levant fièrement la tête; ils ne sont point effarouchés par la foule qui accourt pour les voir passer.

XXX.

Un jeune page léger à la course est dépêché au château de Learmont; Thomas, entendant son message, se lève en sursaut, et s'habille à la hâte.

XXXI.

Pâlissant et rougissant tour à tour, il ne dit que ces

trois paroles : — Le sable de ma vie est écoulé ; le fil de mes jours est filé ; ce prodige me regarde.

XXXII.

Il suspend sa harpe magique à ses épaules, à la manière des ménestrels ; ses cordes, que le vent fait vibrer, jettent un son mourant et mélancolique.

XXXIII.

Il part ; il tourne souvent la tête pour voir son antique château ; les rayons d'une lune d'automne versaient une douce lumière sur les créneaux noircis de la tour.

XXXIV.

L'onde argentée du Leader s'agitait en flots lumineux dans une perspective lointaine ; les sommets imposans du Soltra se groupaient en masses obscures.

XXXV.

— Adieu, château gothique de mon père, adieu pour long-temps, dit-il ; tu ne seras plus le rendez-vous des plaisirs, de la magnificence et du pouvoir

XXXVI.

— Il n'y aura plus un pouce de terre qui porte le nom de Learmont, et le lièvre laissera ses petits sur ton foyer hospitalier.

XXXVII.

— Adieu, adieu, s'écria-t-il encore en détournant les yeux ; adieu, onde argentée du Leader ; adieu, château d'Erceldoune !

XXXVIII.

Le cerf et la biche s'approchèrent de lui pendant qu'il s'éloignait à regret ; et là, devant Douglas, il traversa le fleuve avec ses deux guides.

XXXIX.

Lord Douglas sauta sur son coursier noir comme le jais, et le lança dans les flots du Leader ; mais vainement les suivit-il avec la rapidité de l'éclair, il ne les revit plus.

XL.

Les uns dirent qu'ils avaient poursuivi leur voyage merveilleux du côté des collines, les autres du côté du vallon ; mais on ne vit plus parmi les hommes Thomas d'Erceldoune.

NOTES

SUR LA TROISIEME PARTIE

DE

THOMAS LE RIMEUR.

NOTE 1. — Strophe I. — *Ruberslaw et Dunyon*.

Ruberslaw et Dunyon sont deux hautes montagnes au-dessus de Sedburg.

NOTE 2. — Strophe II. — *Coldingknow*.

C'est une ancienne tour auprès d'Erceldoune; elle appartient à une famille du nom de Home; elle est nommée dans une des prophéties de Thomas. C'est un lieu rendu classique par une belle mélodie écossaise.

NOTE 3. — Strophe III. — *Torwoodlee et Caddenhead*.

Lieux dans le comté de Selkirk.

NOTE 4. — Strophe X. — *Gawaine*.

Voyez les *Fabliaux* de M. Le Grand.

FIN DES NOTES DE THOMAS LE RIMEUR.

PRÉCIS

DU ROMAN ÉCOSSAIS

DE SIR TRISTREM.

NOTE DE L'ÉDITEUR.

L'espèce d'extrait ou sommaire suivant, par sir Walter Scott, est curieux comme un moyen de comparaison entre le *Tristem écossais* et notre *Tristan de Léonais*. Il atteste aussi l'industrieuse étude que le romancier a faite des anciennes poésies nationales. Une conclusion a été adaptée par lui en style gothique à l'original brusquement terminé dans un manuscrit incomplet. La seule copie de ce manuscrit publiée par sir Walter Scott existait dans la bibliothèque de la Faculté des avocats d'Édimbourg. Elle faisait partie d'une riche collection appelée le *Manuscrit Auchinleck*, d'après le nom du donataire (le lord d'Auchinleck).

(*Voyez l'Appendix.*)

PRÉCIS

DE L'HISTOIRE

DE SIR TRISTREM.

SIR TRISTREM.

CHANT PREMIER.

I A XVI.

Le poète annonce qu'il va raconter la naissance et les aventures de sir Tristrem, telles qu'elles lui ont été communiquées par Thomas d'Erceldoune. Il déplore la dégénération de son siècle, comparable au changement que doit produire l'approche de l'hiver sur l'aspect des champs et des bois.

Tout à coup, sans transition, le narrateur commence le récit d'une guerre entre deux chefs féodaux, le duc Morgan et Roland Rise, seigneur d'Ermonie. Ce dernier est victorieux : une trêve de sept ans est conclue ; Roland se rend à la cour de Marc, roi de Cornouailles.

Dans un tournois qui a lieu à la cour du roi de Cornouailles, Roland remporte la gloire de la journée, et en même temps gagne le cœur de la princesse Blanche-Fleur, sœur du roi Marc. La princesse découvre son amour à ses précepteurs. Ici le poète place un éloge obscur de la bravoure et des qualités aimables de Roland Rise.

La princesse Blanche-Fleur se rend en secret à la chambre du chevalier blessé, et sir Tristrem doit sa naissance à cette clandestine entrevue. Bientôt un vassal fidèle informe Roland que ses domaines sont envahis par le duc Morgan, malgré la trève. La princesse ne veut pas laisser partir son amant sans elle; elle l'accompagne quand il retourne à la défense de ses états. Ils fuient avec mystère; ils s'arrêtent dans un château appartenant à Roland, et reçoivent la bénédiction nuptiale. Cependant le duc Morgan s'avance à la tête d'une puissante armée.

XVII A XXX.

Une grande bataille est livrée : Roland a d'abord l'avantage; mais le duc reçoit des renforts; et, malgré des prodiges de valeur, Roland est vaincu, et tué par trahison. C'est au milieu des cruelles douleurs de l'enfantement que Blanche-Fleur apprend la mort de son époux : elle met Tristrem au monde. La malheureuse mère, après l'avoir recommandé aux soins de Rohan, seigneur dévoué à son époux, expire au milieu des sanglots et des lamentations de ses femmes. Avec l'enfant, Rohan a reçu une bague de Blanche-Fleur, destinée à prouver la parenté de Tristrem avec le roi Marc.

Rohan, pour plus de sûreté, fait passer son pupille pour son fils, et change son nom par l'inversion des

DE SIR TRISTREM.

deux syllabes qui le composent. On appelle donc Tristrem, Tremtris.

Cependant le duc Morgan devient le maître absolu des domaines d'Ermonie, et Rohan lui rend un hommage contraint et simulé. Il s'occupe de l'éducation de Tristrem, dont le poète décrit les détails depuis l'enfance du héros jusqu'à sa quinzième année. Tristrem devient habile dans l'art des ménestrels, dans celui de la chasse, et dans tous les exercices de la chevalerie.

Un navire norwégien arrive. La cargaison consiste en un trésor et en faucons. Tristrem apprend que le capitaine défie tout le monde au jeu d'échecs, en pariant vingt shillings. Rohan et ses fils, avec Tristrem, se rendent à bord du vaisseau norwégien. Tristrem joue aux échecs avec le capitaine, et lui gagne six faucons et cent livres sterling. Rohan retourne à terre, laissant à bord Tristrem, qui continue une partie d'échecs, sous la surveillance de son précepteur. Le capitaine, pour ne pas payer ce qu'il a perdu, renvoie le précepteur seul dans un bateau, et met à la voile en emmenant Tristrem.

XXXI A L.

Le vaisseau norwégien est battu par une cruelle tempête, et les matelots l'attribuent à l'injustice dont ils se sont rendus coupables.

En réparation, ils paient à Tristrem ce qu'il a gagné, et le déposent à terre dans un pays inconnu. Tristrem se recommande à la Providence, et la supplie d'être son guide et sa protection.

Le narrateur interrompt ici son récit pour nous garantir l'authenticité de tout ce que Thomas a vérifié par des recherches minutieuses. Il décrit ensuite l'habillement de Tristrem. Ayant réparé ses forces avec quelques alimens que les Norwégiens avaient laissés en le débarquant, Tristrem traverse une forêt dans laquelle il rencontre deux pèlerins; il leur demande où il est; en réponse à cette question, les pèlerins lui apprennent qu'il est en Angleterre. Tristrem leur offre une récompense de dix shillings, s'ils consentent à le conduire à la cour du roi. Les pèlerins consentent volontiers à lui servir de guides.

Dans leur route, ils rencontrent une compagnie de chasseurs : Tristrem est scandalisé de la maladresse avec laquelle ils mettent en quartiers les cerfs qu'ils ont tués. —Pourquoi, leur dit-il, écorcher si follement votre gibier? C'est un martyre. — Un officier ou un ancien répond à Tristrem : Nous suivons la méthode de tout temps adoptée dans notre pays; mais nous consentirons à en apprendre une meilleure, si vous voulez bien découper un cerf pour notre instruction.

Tristrem se met à l'ouvrage, et découpe en effet le cerf d'après les règles de l'art; puis il enseigne aussi aux chasseurs la fanfare de triomphe appelée *la mort*. Tout ceci se passe en Cornouailles. Le roi Marc apprend bientôt qu'il est arrivé un savant chasseur dans ses états : c'est une découverte importante dont il se réjouit; l'air nouveau le charme surtout. Il veut voir Tristrem, qui s'est acquitté d'un devoir en instruisant l'ignorance.

LI A LXXIII.

Tristrem est présenté au monarque, à qui il raconte son éducation; mais comme le nom de Rohan, père supposé de notre héros, est inconnu au roi de Cornouailles, il ne découvre pas son neveu dans le jeune chasseur. Tristrem est admis au banquet royal, servi avec magnificence (1).

Après le repas, un ménestrel est introduit, ce qui donne à Tristrem l'occasion de montrer son talent sur la harpe; et le musicien de Cornouailles lui cède la palme. Tristrem devient le favori de Marc; on le comble de prévenances et de riches bienfaits à la cour.

Cependant Rohan, désespéré de la perte de son fils supposé, le cherche dans différens pays, sans renouveler même ses vêtemens, qui tombent en haillons. Il rencontre enfin un des deux pèlerins qui ont conduit Tristrem à la cour de Cornouailles.

Le pèlerin raconte à Rohan la faveur dont Tristrem jouit auprès du roi; et, à sa requête, il le conduit aussi à la cour. En arrivant, Rohan se voit repoussé d'abord par le portier, ensuite par l'huissier de service, à cause de son vêtement sale et déchiré. Il triomphe de leurs refus par des récompenses libérales, et parvient enfin à être introduit chez Tristrem, qui d'abord ne peut le reconnaître.

Une explication a lieu: Tristrem, désolé de sa méprise, présente Rohan au roi Marc comme son père, et lui raconte en même temps la cause de leur séparation. Rohan est conduit au bain. On le revêt de riches habits par ordre du roi Marc. Il paraît aux yeux de toute la cour; chacun admire son air majestueux. Hôte du banquet royal, il est placé à la droite du monarque.

LXXIII A XC.

Rohan révèle au roi le secret de la naissance de Tris-

---

(1) Et décrit par le poète *con amore*. — Éd.

trem, lui montre la bague de Blanche-Fleur, témoignage irrécusable que cette malheureuse mère lui a légué à son lit de mort. Tristrem est reconnu neveu du roi.

Tristrem ayant reçu les félicitations des courtisans, désire ardemment connaître les particularités de la mort de son père. Rohan lui apprend la perfidie du duc Morgan, et la mort tragique de Roland et de Blanche-Fleur. Alors Tristrem annonce au roi que son intention est de se rendre à Ermonie pour y venger la mort de son père.

Après avoir vainement cherché à dissuader son neveu d'une si dangereuse entreprise, Marc y donne enfin son assentiment. Il confère à Tristrem l'honneur de la chevalerie, et lui confie une troupe choisie de mille hommes, qui mettent à la voile avec le héros. Ils arrivent au château de Rohan, et en forment la garnison. Fatigué de rester inactif dans une forteresse, sir Tristrem se décide à se rendre, déguisé, à la cour du duc Morgan.

Il entre chez le duc pendant qu'il est à table. Avec sir Tristrem sont quinze chevaliers qui portent chacun, comme un présent destiné au duc, une hure de sanglier. Cependant Rohan, inquiet pour son fils adoptif, se met à la tête des soldats de Cornouailles et de ses propres vassaux.

Sir Tristrem adresse à Morgan un salut ambigu qui amène celui-ci à lui demander son nom et ses projets. Sir Tristrem se déclare. D'après une provocation pleine de colère et d'aigreur, le duc porte la main sur notre héros. Tristrem tire son épée; en ce moment arrive Rohan avec son armée; un combat a lieu; Morgan est tué; ses partisans sont vaincus et prennent la fuite.

Sir Tristrem recouvre les domaines paternels, qu'il donne à Rohan, en s'en réservant la suzeraineté. Il prend congé de ce brave défenseur, et retourne en Cornouailles.

XCI A CX.

A son arrivée à la cour, sir Tristrem trouve tout le pays en émoi, à cause d'un tribut réclamé de Marc par le roi d'Angleterre. Ce tribut consiste en un paiement de trois cents livres d'or, trois cents livres d'argent, trois cents livres de cuivre; plus, chaque quatrième année, trois cents enfans (1).

Au moment où sir Tristrem se montre, Moraunt, ambassadeur irlandais, chevalier et champion célèbre, fait la demande de ce tribut. Marc explique à son neveu la cause de son chagrin, et proteste contre l'injustice d'une semblable réclamation. Sir Tristrem se propose de la faire refuser.

Le conseil de la nation s'assemble; on y discute l'affaire : sir Tristrem y prend la parole, déclare, sur son titre de chevalerie, qu'il défendra les libertés de Cornouailles. Cette proposition est acceptée à contre-cœur par le conseil national. Tristrem en personne remet à Moraunt la déclaration qu'aucun tribut n'est dû au roi d'Angleterre. Moraunt réplique en donnant un démenti à Tristrem; ils échangent les gages du défi, et Tristrem et son adversaire s'embarquent pour une petite île, afin d'y combattre. Là Tristrem abandonne son navire au

---

(1) Ici commence la ressemblance entre le poëme de Thomas et la prose française où Moraunt est appelé Morhault. — « Quand le roy de Cornouailles entend que ceulx d'Irlande sont venus quérire le treu, si commencent le deuil et le cry, sus et jus. » — Éᴅ.

gré des flots, disant qu'un seul suffira pour ramener le vainqueur.

Les deux chevaliers en viennent aux mains: ils fondent l'un sur l'autre; le cheval de Moraunt est tué. Tristrem met pied à terre; le combat est renouvelé à pied; Tristrem est blessé dangereusement à la cuisse; mais il assène un coup terrible à Moraunt, et lui fend le crâne; son épée est brisée; un fragment de la lame reste dans la blessure.

Tristrem se félicite d'avoir tué le miroir de la chevalerie d'Irlande (1). Il retourne en Cornouailles, et les suivans de Moraunt emportent son corps. Le héros offre son épée à l'autel. Il est proclamé prince héréditaire de Cornouailles, et successeur de son oncle; mais sa blessure, causée par une arme empoisonnée, empire de jour en jour; tous les remèdes sont inefficaces: l'odeur de la gangrène éloigne tout le monde de sa présence, excepté son fidèle serviteur Gouvernayl.

(1) « L'Amorant d'Irlande fut, en son temps, ung des bons chevaliers du monde. Il estoit grand et de si belle taille que chevalier pouvoit avoir. Les cheveux eust oncques crespés, le visage bel et plaisant; moult chantoit bien; les épaules eust droites et larges; les bras et les poings eust longs, gros, carrez. Pas le bas estoit maigre, les cuisses et les jambes eust belles et grosses, à mesure armé et désarmé, estoit un des plus beaux chevaliers qu'on pouvoit veoir, et chevauchoit mieux que tout autre. Trop estoit bon ferreur de lance, et meilleur d'espée. Si hardy et si aspre estoit, qu'il ne craignoit rien à rencontrer. Tousjours cherchoit les plus périlleuses aventures : moult estoit craint et doubté par le monde. Doux et courtois estoit, fors aux demoiselles errantes, car il les hayoit à mort. Moult estoit aymé de bons chevaliers, gayères ne hantoit gens de religion. » (*Manuscrit de la bibliothèque du duc de Roxburgh.*) — Éd.

FIN DU CHANT PREMIER.

SIR TRISTREM.

PRÉCIS

DU SECOND CHANT.

I A XV.

Tristrem, abandonné de tous, demande au roi Marc un navire pour s'embarquer et quitter le pays de Cornouailles. Marc lui accorde à regret sa requête. Tristrem met à la voile avec Gouvernayl, son seul serviteur, et avec sa harpe, sa seule consolation. Il part de Carlion, et reste neuf semaines en mer. Le vent le pousse enfin au port de Dublin, en Irlande. Des mariniers viennent à lui en bateaux ; il leur dit qu'il a été blessé par des pirates.

Tristrem apprend à son tour qu'il est en Irlande ; et, se rappelant que Moraunt, qu'il a occis, était le frère de la reine du pays, il reprend son nom de Tremtris.

On parle bientôt à la reine, princesse célèbre par sa science en médecine, du talent que le blessé montre sur la harpe; elle veut visiter Tristrem, qui, conservant son nom supposé, continue à se dire un marchand que des pirates ont pillé et blessé. Son talent comme musicien, son adresse aux échecs et au trictrac, étonnent la reine et les assistans, qui jurent par saint Patrice, le patron du pays, que jamais son pareil n'a paru en Irlande. La reine entreprend la guérison de Tristrem, et par le moyen d'un bain médicinal, lui rend l'usage de ses membres inférieurs.

Les précieux remèdes de la reine hâtent la guérison du blessé, que son talent comme musicien, et son adresse dans tous les jeux, font appeler souvent à la cour. Il y devient le précepteur de la princesse Ysonde, princesse qui aime l'étude de la musique et de la poésie. Tristrem lui donne des leçons dans ces deux arts, aussi-bien que des leçons d'échecs et d'autres jeux; bientôt Ysonde n'a point d'égale en Irlande dans ces récréations élégantes, si ce n'est son précepteur.

XVI A XX.

La santé de Tristrem est rétablie; l'éducation d'Y-sonde est complète. Notre héros désire retourner dans la Bretagne : la reine, fâchée de son départ, lui donne la permission de la quitter, mais non sans se plaindre de l'ingratitude des étrangers. Tristrem est comblé de présens. Il met à la voile pour Carliole, où il arrive avec Gouvernayl, à la grande surprise des habitans de Cornouailles.

Marc reçoit avec joie son neveu, et lui demande comment sa blessure a été guérie. Tristrem vante au roi la bonté de la sœur de Moraunt, et il est prodigue surtout de louanges pour la beauté et les vertus de la jeune Ysonde. Le roi, frappé de ce panégyrique, promet à Tristrem qu'il sera son héritier, s'il veut amener Ysonde en Cornouailles.

Les barons, jaloux du crédit de Tristrem, persuadent au roi Marc qu'il serait facile à son neveu d'obtenir pour son oncle la main de la belle Ysonde. Tristrem cherche à leur prouver la folie d'une telle entreprise; mais il ajoute qu'il veut la tenter, sachant bien que les nobles attribuent son opinion contraire à ses projets égoïstes, lui supposant le désir d'empêcher le roi de se marier. Il demande une suite de quinze chevaliers.

Les quinze chevaliers sont accordés; on charge de riches marchandises le vaisseau qui doit les conduire à Dublin. Tristrem, avec son cortège, met à la voile, et arrive en vue du port de la capitale d'Irlande. Sans annoncer l'objet de son voyage, Tristrem envoie des messagers porter des présens précieux au roi, à la reine et à la princesse. Ces messagers reviennent exaltant les charmes de la princesse Ysonde, et ils racontent que le peuple de Dublin est dans de vives alarmes.

XXVIII A XL.

Quelle cause excite la terreur des Irlandais? C'est l'approche d'un monstrueux dragon qui a exercé de si grands ravages, qu'une proclamation a fait connaître que la main de la princesse sera le prix de celui qui immolera le monstre. Tristrem propose l'aventure à ses chevaliers, qui refusent de l'entreprendre. Il descend lui-même à terre, bien monté, bien armé, pour aller au-devant du dragon redoutable.

Tristrem attaque le monstre, brise sa lance sur sa peau impénétrable, perd son cheval, et après s'être recommandé à Dieu, il recommence le combat à pied.

Il atteint le dragon à la gueule. Le monstre, dans sa rage, jette tant de feu par les naseaux, qu'il consume toute l'armure du chevalier; mais il est enfin tué. Le vainqueur lui coupe la langue, et la cache dans son haut-de-chausses (ou son bas), et revient à la ville : mais l'opération subite du venin le prive de ses sens.

Sur ces entrefaites, l'intendant du roi venant à passer par là, coupe la tête au dragon, la porte à la cour, s'arroge le mérite de la victoire, et demande la main de la princesse. Ysonde et sa mère, ne pouvant ajouter foi aux paroles de l'intendant, prennent la résolution de visiter le lieu du combat : elles trouvent le coursier, les armes brisées de Tristrem, et enfin le chevalier lui-même. Revenu à la vie par l'application de la thériaque, le véritable vainqueur vient faire valoir ses droits à la victoire, et produit la langue du dragon. Il offre en même temps, pour garantie, son vaisseau et sa riche cargaison, et demande le combat singulier contre le perfide intendant. Comme Tristrem ne se donne que pour un marchand, Ysonde exprime le regret qu'il ne soit pas chevalier.

XL A XLVIII.

La reine et Ysonde admirent la bravoure, l'air noble et la beauté de Tristrem. Elles le conduisent elles-mêmes au bain; et la reine va chercher pour lui un breuvage particulier. Cependant, Ysonde soupçonne enfin que l'étranger n'est autre que son ancien précepteur Tremtris. En cherchant à confirmer cette conjecture, elle examine son épée, qu'elle trouve ébréchée. En comparant la brèche avec le fragment retiré de la blessure de Moraunt, Ysonde découvre que le possesseur de cette arme est celui qui a tué son parent : elle reproche à Tristrem cette mort, et fond sur lui avec sa propre épée. Sa mère arrive au même moment, prend part au ressentiment d'Ysonde dès qu'elle apprend que c'est Tristrem qui est devant elle. L'arrivée du roi empêche notre héros d'être tué dans le bain.

Tristrem déclare, pour sa défense, qu'il a tué Moraunt dans un combat légitime; et, avec un sourire qu'il adresse à Ysonde, il dit qu'elle avait eu plus d'une occasion de le tuer lorsqu'il était son précepteur Tremtris. Il rappelle les bons services qu'il lui a rendus à ce titre, et se fait aussi un mérite des éloges qu'il a faits d'elle au roi Marc. Enfin, il fait connaître sa mission d'ambassadeur.

Tristrem ayant pris l'engagement, au nom de son oncle, que ce monarque épousera Ysonde, il est convenu qu'elle partira sous son escorte pour le royaume de Cornouailles. L'intendant n'a pas plus tôt appris que son antagoniste est le redouté Tristrem, qu'il renonce à racheter son gage, et à réclamer le prix de la mort du serpent. Il est mis en prison, à la demande de la princesse.

La fiancée, Tristrem et ses chevaliers, sont à la veille de leur départ. La reine appelle Brengwain (Brenguien), demoiselle chargée de servir Ysonde, et lui remet un philtre puissant, ou *boire amoureux*, en lui recommandant de le faire prendre au roi Marc et à son épouse le soir de leur mariage (1).

(1) « Ce breuvage est appelé le *boire amoureux*; car sitôt comme le roy Marc en aura beu, et ma fille aprés; ils se aymeront si merveilleusement que nul ne pourroit mettre discord entre eux. » (*Sic* dans le texte d'un vieux manuscrit français sur Tristan.) — Éd.

Les voilà en mer : le vent devient contraire ; on est forcé d'avoir recours à la rame. Tristrem s'exerce à ramer ; et Ysonde, le voyant fatigué, demande un breuvage pour lui rendre ses forces et le rafraichir. Brengwain, par inadvertence, lui donne la coupe qui contient la fatale liqueur. Tristrem et Ysonde l'approchent tous deux de leurs lèvres, et la vident. Un chien favori, appelé Hodain, en lèche les dernières gouttes. L'effet de ce breuvage est la malheureuse passion qui rendit Tristrem et Ysonde criminels et si malheureux (1).

Le vaisseau arrive en Angleterre après une traversée d'une quinzaine de jours. Ysonde épouse le roi Marc. Mais pour cacher au roi son commerce coupable avec Tristrem, elle substitue Brengwain à sa place la première nuit de ses noces. Après le premier somme du monarque, Ysonde revient se coucher auprès de son royal époux.

LVI A LXIII.

Le soupçon, conséquence inévitable du crime, s'empare de l'ame de la belle Ysonde, qui craint que Brengwain ne trahisse le secret important dont elle est la confidente. Elle paie des assassins pour tuer sa fidèle suivante.

Brengwain est conduite par ces brigands dans une sombre forêt, où ils se préparent à exécuter leur sanglante mission. Les prières de la pauvre demoiselle touchent cependant les meurtriers. Elle proteste que son seul crime est d'avoir prêté à Ysonde une robe de nuit

---

(1) C'onques Tristan, Yseult-la-Blonde né nulle femme de cest monde n'aura oncques si fort melui comme elle fist tantôt celui. (*La vieille Truande.*) — Éd.

propre, la première nuit de ses noces, parce que la chemise royale avait été salie par accident. Les brigands lui laissent la vie sauve, mais font croire qu'ils l'ont immolée. Ils rapportent à la reine ce qu'a dit Brengwain, comme si c'eût été ses dernières paroles. Ysonde, reconnaissant la fidélité de sa suivante, déplore sa perte, et jure de la venger sur ses prétendus assassins : ceux-ci font alors reparaître Brengwain, qui rentre en faveur auprès d'Ysonde. (L'allégorie de Brenguien est bien plus délicate dans le vieux roman français que dans celui de Thomas le Rimeur : « Quand madame Yseult se « partit d'Yrland, elle avoit une fleur de liz qu'elle de- « voit porter au roy Marc; et une de ses demoiselles en « avoit une aultre. Madame perdit la sienne, dont eust « esté mal baille : quant la demoiselle lui présenta par « moi la sienne dont elle fut saulvée et cuide, que pour « celle bonté, me fait-elle mourir ; car je ne sais aultre « achoison. »)

LXIII A LXXIII.

Un comte irlandais, ancien admirateur d'Ysonde, arrive à la cour de Cornouailles, déguisé en ménestrel, et portant une harpe d'une forme singulière; il excite la curiosité du bon roi Marc, en refusant de jouer de ce superbe instrument jusqu'à ce qu'il lui ait accordé un don. Le roi jure sur son honneur de chevalier qu'il satisfera sa demande. Le ménestrel s'accompagne de sa harpe, en chantant un *lai*, dans lequel il réclame Ysonde comme le don promis.

Marc ayant engagé son honneur, n'a d'autre alternative que de passer pour un chevalier déshonoré, ou de livrer sa femme au ménestrel : il se décide à ce dernier parti.

Tristrem avait été absent à la chasse : il arrive au moment où le comte aventurier emmène la belle Ysonde. Il reproche au roi (non sans raison) son extravagante générosité pour les ménestrels. Alors il saisit lui-même sa rote ; et, courant au rivage où Ysonde venait de s'embarquer, il commence à jouer de cet instrument.

Le son en affecte profondément Ysonde, qui devient tellement indisposée, que le comte, son amant, est contraint de revenir à terre avec elle.

Ysonde prétend que la musique de la rote de Tristrem est nécessaire à son rétablissement ; et le comte, à qui Tristrem était inconnu personnellement, lui propose d'aller en Irlande à sa suite. Ysonde se ranime au son de la musique de son amant, et le comte se prépare à remonter sur son vaisseau. Alors Tristrem saute sur son coursier ; et saisissant la bride de celui d'Ysonde, il l'entraîne, et fuit dans le plus épais du bois, après avoir crié, en se moquant, au comte d'Irlande, qu'il a perdu par la *rote* ce qu'il avait gagné par la harpe.

Les amans restent toute une semaine dans une hutte de la forêt ; après quoi Tristrem restitue Ysonde à son oncle, en lui conseillant de ne plus accorder à l'avenir de semblables dons aux ménestrels.

LXXIV A LXXX.

Meriadoc (1), chevalier de Cornouailles, compagnon de Tristrem, et qui lui a des obligations, conçoit des soupçons de son commerce amoureux avec la reine. Ce commerce était entretenu au moyen d'une porte

---

(1) Dans le roman français, c'est un neveu de Marc qui se fait le dénonciateur des amans. — Éd.

à coulisse par laquelle Tristrem était admis dans l'appartement d'Ysonde. Une nuit qu'il tombait de la neige, l'espion Meriadoc put suivre les traces des pas de Tristrem, quoique notre héros eût pris la précaution d'attacher un tamis à ses pieds. Par une fente de la porte à coulisse, Meriadoc découvre un pan de la cotte verte de Tristrem.

Il fait part de son soupçon au roi, qui, par son avis, prétend vouloir faire un pèlerinage en Terre-Sainte, et demande à la reine quel est celui à la garde de qui elle veut être confiée. La reine nomme d'abord Tristrem. Brengwain, plus rusée, lui conseille de revenir sur cet entretien, et de feindre une haine mortelle contre Tristrem; ce qu'elle fait, en prétextant pour motif le scandale qui a eu lieu à son sujet. Les soupçons du bon roi de Cornouailles sont endormis par cette ruse.

LXXXI A XC.

A l'instigation de Meriadoc, qui promet de donner au roi la preuve évidente de son déshonneur, sir Tristrem devient encore l'objet de la jalousie de Marc. On le sépare d'Ysonde: leur douleur est décrite par le poète.

Ysonde habite un pavillon solitaire, et Tristrem dans une ville voisine. Il essaie d'établir une communication avec elle par le moyen de légers rameaux jetés dans la rivière qui coule à travers son jardin. C'étaient des signaux qui instruisaient Ysonde de la visite clandestine de Tristrem.

Leurs entrevues sont découvertes par un nain caché dans un arbre. Meriadoc conseille au roi de faire proclamer une grande partie de chasse, et, au lieu de s'enfoncer dans la forêt, de se cacher dans le poste mystérieux du nain.

Le nain est envoyé à Tristrem avec un prétendu message d'Ysonde, pour lui fixer un rendez-vous. Tristrem se doute de la ruse, et fait une froide réponse. Le nain dit à Marc que Tristrem n'a aucune confiance dans son message; mais que néanmoins il est sûr qu'il viendra voir Ysonde cette nuit.

XCI A XCVIII.

Marc prend son poste dans l'arbre, et l'entrevue a lieu sous l'abri de ses rameaux; mais les deux amans sont avertis de la présence du roi par la projection de son ombre, et ils se parlent avec un ton d'aigreur et de reproches. Tristrem accuse Ysonde de lui avoir ravi l'affection de son oncle, à un tel point qu'il se prépare à fuir dans le pays de Galles. Ysonde avoue sa haine pour Tristrem, et allègue pour cause les soupçons injustes que son époux a conçus au sujet de leur commerce prétendu. Ils continuent ces mutuelles récriminations; Tristrem supplie Ysonde de lui procurer son éloignement de la cour, et Ysonde s'engage, sous la condition de son départ, d'obtenir pour lui la somme nécessaire à son entretien dans une terre étrangère.

Le bon roi Marc est comblé de joie et de tendresse par la découverte qu'il croit faire de l'innocence de sa femme et de son neveu. Bien loin de consentir à l'éloignement de Tristrem, il le crée grand-connétable.

Le chevalier reconnaissant continue son intrigue avec Ysonde, sans plus de soupçons, pendant trois années.

XCVIII A CVIII.

Meriadoc excite de nouveau la jalousie du roi Marc, et lui conseille de faire saigner (par ordonnance sans doute) la reine et Tristrem le même jour. Meriadoc fait aussi répandre de la farine sur le plancher de la chambre du roi, pour y découvrir l'empreinte des pas. Tristrem élude cette précaution en sautant par-dessus l'espace couvert de farine; c'était un saut de trente pas; mais sa veine s'ouvre par cet effort; ses visites clandestines sont trahies par les traces de son sang. Il fuit du pays de Cornouailles.

Ysonde entreprend de prouver son innocence par l'ordalie du feu. Un tribunal est convoqué à Westminster, où la reine doit porter à la main un fer rouge, selon l'ancienne loi de l'ordalie. Tristrem se mêle à la suite de la cour, déguisé en paysan, dans le costume de la plus abjecte indigence.

Au moment où l'on va traverser la Tamise, la reine distingue son amant déguisé, et lui fait signe de la transporter du rivage au vaisseau. Tristrem laisse tomber à dessein son précieux fardeau sur le sable de la plage, de manière à exposer aux yeux une partie de la nudité de sa personne. Les serviteurs de la cour, scandalisés de cet accident indécent, causé par la maladresse de l'étranger, sont prêts à le jeter lui-même dans le fleuve; mais Ysonde les prévient, en attribuant sa chute à la faiblesse causée par son estomac à jeun, et ordonne au contraire qu'on le récompense.

Le tribunal est assemblé : la séance s'ouvre. Ysonde prend la parole, et jure qu'elle est innocente : « Oui, dit-elle, personne n'a jamais eu de familiarité avec moi, excepté le roi mon époux et le paysan qui m'a transportée au vaisseau, et dont la maladresse a été vue de toute notre suite. » On présente alors le fer brûlant à Ysonde; mais le plus bénévole des époux, le roi de Cornouailles, se déclare content du serment équivoque de sa moitié. Il refuse de lui laisser pousser plus loin l'épreuve dangereuse de sa fidélité conjugale.

Ysonde est proclamée innocente, en dépit des accusations de Meriadoc, et se réconcilie complètement avec son royal époux. Cependant Tristrem est dans le pays de Galles, où il passe le temps de sa séparation d'Ysonde à se rendre redoutable par de nouveaux exploits.

FIN DU CHANT SECOND.

SIR TRISTREM.

CHANT TROISIÈME.

I A X.

Il y avait au pays de Galles un roi nommé Triamour ; il avait une jeune fille qu'on appelait Blanche-Fleur. Urgan, prince voisin, voulut conquérir cette douce beauté, et l'emmener captive. Il assiège Triamour dans son château, et ravage la contrée (1).

Tristrem, banni de Cornouailles, apprend cette injuste attaque. Triamour invoque son assistance, et lui promet le don de ceux de ses domaines que l'ennemi a conquis, s'il parvient à les reprendre.

(1) C'est presque le cadre du début du *Connétable de Chester*. (*Tales of the crusaders.*) — Éd.

Tristrem et Urgan se déclarent ennemis, et en viennent à un combat singulier. Urgan est un chevalier d'une taille gigantesque. Il reproche à Tristrem la mort de son frère Morgan, qui a péri de la main de notre héros.

Les deux antagonistes combattent avec acharnement. Tristrem tranche la main droite d'Urgan; mais le géant continue la bataille de la main gauche; mais bientôt, serré de près, il fuit, et se réfugie dans son château.

Tristrem ramasse la main sanglante du vaincu, et l'emporte. Urgan sort de son château avec des baumes d'une vertu miraculeuse pour reprendre sa main et la recoller à son bras; mais ne trouvant ni la main ni Tristrem, il se met à sa poursuite, et l'atteint sur un pont où le combat est renouvelé en présence d'une multitude de spectateurs.

Urgan, furieux, serre Tristrem de près, et fend son bouclier en deux; mais Tristrem, évitant son autre coup, le perce lui-même de part en part. Le géant, dans l'agonie de sa mort violente, saute par-dessus le pont dans la rivière.

Triamour reconnaissant récompense la valeur de Tristrem, en lui cédant la souveraineté du pays de Galles, et lui offre aussi un joli petit chien, appelé Peticrew, dont le poil est de trois couleurs, rouge, vert et bleu.

Le généreux chevalier donne le royaume de Galles à Blanche-Fleur, fille de Triamour, et envoie en présent à Ysonde le joli chien aux couleurs extraordinaires.

XII A XXV.

Le bruit des exploits de Tristrem parvient jusqu'à la

cour de Cornouailles. Son oncle se réconcilie avec lui, et le rappelle.

Marc donne à notre héros la place de grand intendant de la couronne; mais tous ses bienfaits ne sauraient contrebalancer les effets du — boire amoureux. — Les amours clandestines de Tristrem et d'Ysonde recommencent et sont découvertes encore par le roi Marc, qui bannit sa femme et son neveu de ses domaines. Les amans fuient dans une forêt, ravis de la liberté qu'ils acquièrent au prix de l'exil. Ils habitent une caverne, et vivent de la venaison que Tristrem tue avec ses chiens, Peticrew et Hodain, dressés par lui à la chasse (1).

La caverne avait été creusée jadis par des géans: elle devient la demeure des deux fugitifs, hiver comme été. Tristrem et Ysonde y sont privés des commodités de la vie; mais le tout-puissant amour y pourvoit à tous leurs besoins. Ils demeurent dans la forêt pendant au moins trois semaines.

Tristrem, ayant tué un daim et l'ayant porté dans sa caverne, s'endort auprès d'Ysonde, laissant entre elle et lui, sans préméditation, l'épée nue qui probablement lui avait servi à écorcher l'animal. Or, le hasard fit que le roi de Cornouailles chassait ce jour-là dans la forêt: les gens de sa suite découvrent les amans endormis dans cette posture, et vont le raconter au roi, qui vient visiter la caverne. Un rayon de soleil y plongeait à travers les crevasses du rocher, éclairant les beaux

---

(1) Illecques apprint Trislan à Huden (l'Hodain de Thomas le Rimeur) à chasser sans glattir, pourvu qu'il ne fût quitté en aucune manière. » (*Tristan français.*)

On sait que ces deux chiens furent fidèles même aux cendres de leurs maîtres. — Éd.

traits d'Ysonde. La vue de ses charmes renouvelle la passion du monarque débonnaire ; il bouche le trou de la crevasse, de peur que le repos de la dormeuse ne soit troublé. De la circonstance accidentelle de l'épée posée entre eux il conclut qu'aucun commerce criminel ne subsiste entre Tristrem et Ysonde. Sa cour complaisante approuve ce raisonnement (1).

Les amans se réveillent quand le roi est parti, et sont surpris de trouver son gant bien connu. Des chevaliers arrivent pour les conduire au roi Marc, auprès de qui ils rentrent encore en grace.

XXVI A XXX.

Or il arriva un jour d'été que Tristrem et la reine jouaient aux jeux de l'amour. Le nain les épie, les voit, il court chercher le bon roi Marc, et lui dit : — Sire roi, ta femme est occupée à cette heure avec son chevalier ; viens vite, et surprends-les si tu peux.

Le roi accourt avec tant de hâte, qu'il surprend en effet sa femme et son neveu. Tristrem n'a que le temps de fuir, et se voit forcé de laisser Ysonde derrière lui. Il se lamente d'avoir abandonné ainsi la reine. Il est inutilement poursuivi par les courtisans du roi Marc, que le monarque a appelés pour être témoins ; mais ne trouvant qu'Ysonde seule, ils soutiennent, à la barbe du malheureux Marc, que ses yeux l'ont trompé. Marc lui-même se persuade qu'ils ont raison, ou fait semblant de le croire ; Ysonde est encore en grande faveur.

XXX A XXXVIII.

Tristrem, dans un nouvel exil, se livre aux entre-

---

(1) Dans les mariages par ambassadeur en Allemagne, l'épée séparait ainsi le mari par procuration de sa chaste moitié. — Éd.

prises les plus désespérées. Il traverse l'Espagne, où il tue trois géans. D'Espagne, il se rend au pays d'Ermonie, où il est reçu avec joie par ses vassaux, les fils de son ancien tuteur Rohan. Ils lui offrent de lui rendre ses domaines héréditaires, qu'il refuse d'accepter.

Tristrem arrive en Bretagne, et assiste le duc de cette contrée dans ses guerres. Grace à la valeur de notre héros, toute contestation est bientôt terminée. Il est introduit et présenté à la jolie et aimable fille du duc, qui porte le même nom que la reine de Cornouailles; mais, pour la distinguer, on la surnomme *Ysonde aux blanches mains*.

Tristrem a composé un lai sur la beauté d'Ysonde de Cornouailles; la princesse de Bretagne, trompée par la similitude des noms, s'imagine qu'elle a inspiré de l'amour à Tristrem, et communique sa méprise à son père.

Le duc offre à Tristrem la main de sa fille. Tristrem réfléchit sur sa malheureuse situation, sur l'impossibilité de revoir jamais Ysonde d'Irlande, et finalement sur l'illégitimité de leur liaison. Le résultat de ces réflexions est sa résolution d'épouser Ysonde à la blanche main, qu'il aime à cause de son nom. Ils sont fiancés et mariés; mais lorsqu'ils se rendent à la chambre nuptiale, la bague donnée à Tristrem par la reine de Cornouailles tombe de son doigt: cet accident lui rappelle la fidélité de sa première amie, et le danger qu'elle court à cause de lui. Son cœur lui reproche la fausseté dont il est coupable, et qu'il se promet bien de ne pas pousser plus loin. La belle Ysonde de Bretagne demeure *vierge*, quoique *épouse* (1).

(1) « Tristan se coucha avec Yseult. Le luminaire ardoit si cler que Tristan pouvoit bien voir la beauté d'Yseult. Elle avoit la

XXVIII A L.

Le duc de Bretagne donne à Tristrem un territoire qu'un bras de mer sépare des domaines d'un géant redoutable, nommé Beliagog. Le vieux duc recommande à son gendre de bien prendre garde de franchir, dans ses parties de chasse, les limites de ses terres, de peur d'irriter le ressentiment de son voisin, qui avait été le frère (sans doute frère d'armes) de Morgan, d'Urgan, et du noble chevalier Moraunt, trois champions occis par l'épée de Tristrem.

Ce prudent conseil, comme on s'y attend, ne fait qu'exciter le chevalier à rendre une prompte visite à Beliagog. Il suit ses chiens sur les domaines du géant, qui se montre aussitôt, et, apprenant le nom de l'audacieux, jure de venger la mort de ses frères. Tristrem lui porte un défi, et déclare son intention de s'emparer de toute la forêt. Beliagog lance à Tristrem un javelot qui glisse entre son haubert et ses côtes. Tristrem se précipite sur le géant, et ils combattent tous deux avec vigueur. Enfin, le chevalier coupe un pied à Beliagog, et le géant demande merci, promettant de livrer son trésor et ses domaines à Tristrem.

Tristrem épargne sa vie, à condition qu'il bâtira un château en l'honneur d'Ysonde et de Brengwain.

bouche blanche et tendre, yeux verds, rians, les sourcils bruns et bien assis, la face clère et vermeille. Tristan la baise et accole; et quant il lui souvient de la reyne Yseult de Cornouailles, si a toute perdu la voullonté du surplus faire. Ceste Yseult est devant luy, et l'autre est en Cornouailles, qui lui deffend si cher comme il ayme son corps, que à ceste Yseult ne face chose qui à villenie lui tourne. Ainsi demeure Tristan avec Yseult sa femme; et elle qui d'autre soulas que d'accoller et baiser ne savait rien, s'endort entre les bras de Tristan. » (*Tristan*, folio LXIX.)

Beliagog conduit Tristrem à un château environné d'un fossé, ou plutôt d'un lac ; c'est l'ancienne résidence fortifiée de ses pères. Il montre à son vainqueur un gué par lequel il pourra entrer quand il voudra. C'est là qu'est commencé le château promis. Des ouvriers sont mandés de toutes parts pour travailler sous la direction de Beliagog à la construction d'une magnifique salle. Dans cette salle est représentée en sculpture toute l'histoire de Tristrem. Ysonde et Brengwain, Marc et Meriadoc, Hodain et Peticrew y revivent en pierre.

LI A LXV.

Le duc Florentin de Bretagne, suivi de Tristrem et de sa femme, et de son fils Ganhardin, part pour la ville de Saint-Mathieu, pour assister aux noces splendides d'un baron, nommé Boniface, et d'une dame de Lyon. Dans la route, une observation naïve d'Ysonde révèle à Ganhardin que Tristrem néglige les charmes de sa sœur. Ganhardin croit sa famille offensée de ce dédain ; et, dans son extrême ressentiment, il demande raison à Tristrem de son étrange conduite avec sa femme. Tristrem répond avec fierté que puisqu'elle a trahi le secret conjugal, il renonce à elle pour toujours, et retournera à sa première maîtresse, dame trois fois plus belle que l'Ysonde de Bretagne.

Cette déclaration cavalière, jointe peut-être à la prouesse redoutée de Tristrem, produit sur Ganhardin un effet tout différent de ce qu'on pouvait en attendre. Sa curiosité est vivement excitée sur la beauté inconnue que Tristrem a tant vantée. Déposant tout son ressentiment, il devient l'ami de notre héros, et le fidèle confident de ses amours.

Tristrem conduit Ganhardin à son merveilleux château. Le prince breton, se trouvant sur les domaines de Beliagog, craint que Tristrem ne le conduise à la mort. Tristrem lui explique comment le géant est devenu son vassal. En conséquence, Beliagog accourt à son signal convenu, appuyé sur une béquille.

Au commandement de Tristrem, le géant introduit les deux chevaliers dans la salle splendide qui a été construite en l'honneur de la reine de Cornouailles. La beauté d'Ysonde et de Brengwain, telle que la sculpture en offre l'image, produit une telle impression sur Ganhardin, qu'il chancèle, recule d'étonnement, et tombe à la renverse. Lorsqu'il revient de son extase et regarde de nouveau les statues, surtout celle de Brengwain, qui est représentée avec la fatale coupe à la main, il avoue franchement que la beauté d'Ysonde est bien supérieure à celle de sa sœur; que Tristrem est en tous points excusable de sa conduite, et que lui-même il est si épris des charmes de Brengwain, qu'il faut qu'il la voie ou qu'il en meure.

LXV A LXXVI.

Tristrem promet au prince breton de s'intéresser vivement à son amour pour Brengwain. Ils s'embarquent tous les deux pour la Grande-Bretagne.

Un nouveau personnage paraît sur la scène; c'est Canados, connétable du roi Marc, et encore un des adorateurs d'Ysonde, tant ce bon roi était malheureux dans le choix de ses favoris! Canados entendant Ysonde qui chante un des lais que composa jadis Tristrem, l'interrompt avec discourtoisie, et lui déclare qu'elle est coupable de choisir un tel sujet de chant, d'abord parce que ses notes ressemblent aux cris d'une chouette, ou aux hurlemens d'un orage ; secondement, parce que Tristrem, dont la partialité lui rend les compositions si chères, lui a été infidèle et a épousé la fille du duc de Bretagne. Ysonde répond à Canados qu'il est un lâche et un calomniateur, l'accable de reproches et de malédictions, souhaite qu'il soit toujours aussi malheureux en amour qu'il l'a été avec elle, et le chasse de sa présence.

La reine, inconsolable des nouvelles qu'elle a reçues, monte à cheval avec Brengwain pour aller dans la forêt distraire sa mélancolie. Tristrem et son complaisant beau-frère Ganhardin arrivent dans le même lieu, et aperçoivent les dames. Tristrem envoie porter sa bague à Ysonde, comme un gage de son approche. Cependant le chien Peticrew a déjà reconnu son ancien maître, et court à lui pour le caresser. Ysonde, apprenant par le message de Ganhardin et par le gage de la bague, que Tristrem est près d'elle, prend la résolution de passer la nuit dans la forêt. Elle feint une indisposition, et ordonne qu'on lui dresse des tentes sous les arbres. Son entrevue avec Tristrem amène leur réconciliation. Brengwain et Ganhardin sont fiancés (1).

LXXVII A LXXXIII.

Après deux jours passés dans la forêt, Tristrem et Ysonde sont au moment d'être surpris par Canados, qu'un espion a informé de ce qui est advenu. A cette nouvelle, Canados a rassemblé tous les soldats du canton, et il marche vers le bois pour faire son rival prisonnier.

Le fidèle Gouvernayl vient avertir Tristrem et Gan-

(1) Dans le roman français, c'est de Gouvernail que Brenguien devient l'épouse. C'est d'Ysonde que Ganhardin est amoureux, et il meurt en terminant un madrigal à sa louange. — ÉD.

hardin du danger qu'ils courent : le nombre des assaillans les force de fuir dans différentes directions. Ysonde est ramenée à la cour par Canados, qui se vante d'avoir fait peur à Tristrem, qui, dit-il, n'avait pas osé se mesurer avec lui. La reine et Brengwain lui font d'amers reproches.

Ganhardin, dans sa fuite, est retourné en Bretagne. Tristrem est seul resté en Cornouailles, déguisé en mendiant avec la besace et l'écuelle. Brengwain feint de désapprouver sa conduite, et menace de révéler ses entrevues avec Ysonde.

Mais, bien au contraire, cette fidèle confidente d'Ysonde fait voir au roi Marc le danger qu'il court par l'amour présomptueux que Canados a conçu pour la reine. Le ro Marc, furieux de l'audace de son connétable, le bannit de sa cour; et la reine, réconciliée avec sa suivante, admire son adresse à mentir.

LXXXVI A XC.

Dans une conversation entre Ysonde et Brengwain, la reine défend la valeur de son amant, qui semble avoir déchu dans l'opinion de sa confidente depuis la dernière aventure dans la forêt. Brengwain consent à l'introduire cette nuit dans la chambre de la reine. En s'acquittant de cette fonction, elle lui reproche sa retraite précipitée avec Ganhardin devant leurs ennemis. Tristrem répond en demandant qu'on proclame un tournoi dans lequel son beau-frère et lui vengeront leur réputation.

Le tournoi est annoncé : Canados et Meriadoc en sont les tenans. Ganhardin revient de Bretagne pour joindre Tristrem. Quand la joûte commence, Tristrem, se rappelant sa vieille rancune contre l'espion Meriadoc, l'attaque et le blesse à mort. Un combat terrible et douteux s'engage entre Ganhardin et Canados, jusqu'à ce que Tristrem, venant au secours de son frère d'armes, désarçonne et tue son antagoniste. Cette terminaison sanglante des joûtes occasione une consternation générale dont Tristrem profite pour se venger de ses ennemis. Avec l'assistance de Ganhardin, il immole et met en déroute tous ceux qui lui résistent, et les médisans du pays paient cher leurs propos.

XCI A XCV.

Brengwain se réjouit de la défaite de ses ennemis. Tristrem et Ganhardin se retirent en Bretagne, où Tristrem est abordé par un jeune chevalier, sans souliers, qui le cherchait depuis long-temps. Ce jeune champion, qui s'appelle aussi Tristrem, se jette aux pieds de notre héros, et implore son assistance dans une périlleuse aventure. Il a été privé de sa dame par un chevalier. Le ravisseur, avec ses sept frères et sept autres chevaliers, doivent escorter, ce jour-là, leur captive jusqu'à quelque lieu de refuge. Le chevalier suppliant propose à son homonyme de l'aider à reconquérir sa dame. Tristrem n'a garde de refuser.

Les deux chevaliers s'arment et se préparent au combat : ils attaquent les ravisseurs dans le voisinage d'une forêt. Tristrem le jeune est bientôt tué; notre héros venge sa mort, et tue quinze chevaliers; mais, dans ce combat, il reçoit une flèche dans son ancienne blessure... (Ici le manuscrit Auchinleck se termine brusquement ; le reste du roman a été déchiré (1).

(1) La conclusion qui va suivre est de sir Walter Scott, qui a imité avec une singulière vérité le vieux langage de Thomas le Rimeur, et sa concision, qu'on trouve presque affectée quand on la compare à la prose du *Tristan* français. — Tr.

SIR TRISTREM.

CONCLUSION.

Quinze chevaliers ont mordu la poussière; mais auprès d'eux expire aussi Tristrem le jeune. Tristrem lui-même est blessé; sa blessure excite sa fureur. Il se rend à sa demeure, et se jette sur sa couche. Maints baumes sont apportés pour calmer sa douleur.

Mais aucune puissance, aucune science, aucun trésor ne peuvent lui porter secours. Son ancienne blessure s'est rouverte; l'os est brisé. Pauvre chevalier! toute assistance est inefficace, excepté celle d'Ysonde, la belle reine de Cornouailles.

Tristrem appelle Ganhardin, son compagnon fidèle: « Mon frère, lui dit-il, tu peux me secourir et me procurer guérison. Va trouver la belle Ysonde en Cornouailles; porte avec toi ma bague, gage chéri et secret. Si elle ne consent à me tirer de peine, hélas! adieu la vie.

— Prends mon vaisseau, chargé de riches marchandises ; fais faire deux voiles, chacune de différente couleur ; que l'une soit noire, l'autre blanche comme neige ; et quand tu reviendras, le signal indiquera l'issue de ton voyage. Si Ysonde m'abandonne, tu mettras la voile noire.

Ysonde de Bretagne à la blanche main écoute avec tristesse, et comprend bien que Tristrem envoie quérir Ysonde la blonde en Angleterre. — Je serai vengée, se dit-elle, de mon perfide époux! Quoi! il fait venir des faucons sauvages (1), et moi je serais mise de côté!

Ganhardin met à la voile pour l'Angleterre : il arrive, et se donne pour un riche marchand. Il porte de riches marchandises et de splendides habits. Il fait des dons à Marc et aux seigneurs de sa cour. Il prépare aussi une coupe où il cache la bague, et la remet à Brengwain pour la reine.

Ysonde reconnaît la bague d'or, gage amoureux que lui envoyait Tristrem. Ganhardin, introduit auprès d'elle, lui apprend que Tristrem est blessé dans sa vieille blessure, et que si elle ne vient le guérir, il périt, le pauvre chevalier!

Ysonde s'afflige du récit qu'elle entend ; elle se déguise en page pour partir avec Ganhardin. Les voilà embarqués ; un vent propice les conduit. Ysonde, bien chagrine, verse des larmes amères. Ganhardin appareille la voile blanche.

Ysonde de Bretagne à la blanche main aperçoit le vaisseau qui s'approche du rivage ; elle remarque la voile blanche : — Voici Ysonde qui vient m'enlever mon

---

(1) Au figuré *filles de joie*. — Éd.

perfide époux; mais je jure qu'elle ne sera venue ici que pour son malheur. »

Elle accourt vers Tristrem étendu dans son lit.

— Tristrem, dit-elle, bonne nouvelle! tu seras guéri: je découvre le vaisseau sur lequel Ganhardin revient pour calmer ta souffrance!

— Quelle voile est au vaisseau, dame? au nom du Dieu tout-puissant!

Ysonde veut être vengée de Tristrem, l'amant fidèle, et lui répond : — La voile est noire, noire comme la poix. — Tristrem retombe en arrière, croyant Ysonde déloyale; son tendre cœur s'est brisé, s'est brisé en deux! Que là-haut le Christ le reçoive en merci! il mourut d'amour fidèle (1).

(1) Cette scène touchante est ainsi rendue dans un fragment en vers :

> — Turne sei vers la parcie (*la muraille*)
> Donc dit : « Deus salt Ysolt et mei!
> Quant à mei me voler venir
> Pur votre amur mestu et mourir.
> Je ne puis plus tenir ma vie :
> Pur vus muers Ysolt, belle amic!
> N'aver pité de ma langur,
> Maz de ma mort aurez dolur!
> Ça m'est m'amie, grant confort
> Que pité auréz de ma mort!
> Amie Ysolt! » Tres fez dit,
> A la quarte rend l'esprit.

Dans le roman en prose on lit : « Tristan se tourna de l'autre part, et dist : « Ha! ha! doulce amye! à Dieu vous recommande! jamais ne me verrai, ne moi vous! Dieu soit garde de vous! Adieu, je m'envays, je vous salut. « Lors bât sa coulpe, et se recommande à notre Seigneur Jhe-Crist, et le cœur lui crève, et l'ame s'en va. » (*Tristan*, fol. CXXIII.)

CONCLUSION.

Vieux et jeunes s'affligent, s'affligent petits et grands; car Tristrem le bon chevalier était estimé de tous. Les jeunes filles se tordent les mains; les épouses crient et pleurent; les cloches sonnent leur chant de mort; les prêtres disent leurs messes de deuil, et ne prient plus que pour Tristrem (1).

Le vaisseau fait force de voiles et de rames. Ysonde aborde au rivage; elle rencontre un vieillard à barbe blanche: les larmes coulaient en abondance de ses yeux; il sanglotait amèrement : — Il n'est donc plus la fleur de l'Angleterre! nous ne le verrons plus! sir Tristrem est mort!

Quand Ysonde ouit ceci, elle se mit à courir vers la porte du château; personne ne put l'arrêter; elle franchit la grille; elle entre dans la chambre. Tristrem, en robe d'appareil, était couché, immobile et froid comme le marbre. Ysonde regarde et le reconnaît.

Jamais plus belle dame n'avait paru en Bretagne, témoignant une plus vive peine. Ysonde se jette sur la couche de Tristrem; elle ne se relève plus; mais elle meurt de douleur. Jamais il n'y aura de tels amans!

Les corps des deux malheureux amans furent transportés en Cornouailles. Marc, toujours irrité du souvenir de ses affronts, refusa d'abord de les laisser ensevelir dans ses domaines; mais il s'adoucit en lisant une lettre écrite par Tristrem dans sa dernière maladie, et qu'il avait attachée à la poignée de son épée, pour être

(1) « Lors y accourent grans et petits, crians et bruyans, et font tel deuil, que l'on n'y ouyst pas Dieu tonnant. » (*Tristan*, fol. CXXIII)

remise à son oncle. En voyant ce fer, qui avait sauvé le royaume de Cornouailles, et en apprenant, par la lettre, la fatale histoire du *boire amoureux*, Marc déplora, avec des larmes de pitié, une passion plutôt l'effet d'un sortilège ou de la destinée, que de la volonté des deux amans : « Hela dolent! pourquoy ne sçavois-je ceste avanture! je les eusse ainçoys cellez, et consenty qu'ilz ne fussent jà partis de moy. Las! or ay-je perdu mon nepveu et ma femme. » (TRISTAN, f. cxxv.)

Marc fit ériger sur leurs cercueils une magnifique chapelle, où se manifesta, pour la première fois, ce miracle célébré depuis dans tant de ballades. De la tombe de Tristrem sortit un bel églantier qui alla entourer de ses festons le monument d'Ysonde. Il fut coupé trois fois par l'ordre de Marc; mais le lendemain matin on le trouvait refleuri dans toute sa beauté. *Ce miracle estoit sur monseigneur Tristan et sur la reine Ysonde.*

FIN DE L'HISTOIRE DE SIR TRISTREM.

LE LAI

DU

DERNIER MÉNESTREL.

EN SIX CHANTS.

*Dum relego, scripsisse pudet, quia plurima cerno
Me quoque, qui feci, judice, digna lini.*

(𝕿𝖍𝖊 𝕷𝖆𝖞 𝖔𝖋 𝖙𝖍𝖊 𝖑𝖆𝖘𝖙 𝕸𝖎𝖓𝖘𝖙𝖗𝖊𝖑.)

AU

TRÈS-HONORABLE

CHARLES,

COMTE DE DALKEITH,

CE

POËME EST DÉDIÉ

PAR

L'AUTEUR.

Le poëme offert au public est destiné à peindre les coutumes et les mœurs qui régnaient autrefois sur les frontières d'Angleterre et d'Écosse. Les habitans menant une vie tour à tour pastorale et guerrière, et joignant des habitudes de déprédation continuelle à un esprit grossier de chevalerie, se montraient souvent sous un point de vue susceptible des ornemens de la poésie. La description des lieux et des mœurs étant l'objet de l'auteur plutôt qu'une narration suivie et régulière, il a adopté le plan de l'ancien roman en vers, qui donne à cet égard plus de latitude que n'en accorderait la dignité d'un poëme régulier. Ce même modèle donne d'autres facilités, en permettant de temps en temps une variété de poésie qui va jusqu'à autoriser le changement de rhythme dans le texte. Enfin le merveilleux, adopté d'après la croyance populaire, et qui aurait semblé puéril dans un poëme, n'a rien d'inconvenant dans l'ancienne ballade ou roman poétique.

Voilà pourquoi l'auteur met son récit dans la bouche d'un vieux ménestrel, le dernier de cette race, qui, étant supposé avoir survécu à la révolution, peut avoir profité des changemens heureux que le temps a introduits dans la poésie moderne, sans avoir perdu la simplicité de son modèle primitif. La scène se passe vers le milieu du seizième siècle, époque où vivaient réellement la plupart des personnages introduits dans cet ouvrage, et l'action dure trois nuits et trois jours.

LE LAI

DU

DERNIER MÉNESTREL.

INTRODUCTION.

Le chemin était long, le vent était froid, le ménestrel était vieux et infirme. Son visage flétri et ses cheveux blancs semblaient avoir connu des jours plus heureux. Sa harpe, seul plaisir qui lui restât, était portée par un enfant orphelin. Il était le dernier de tous les bardes qui avaient chanté les chevaliers des frontières (1); car, hélas! leur temps était passé: ses frères, fils de l'harmonie, n'existaient plus, et lui-même, dédaigné, op-

---

(1) Border. — Éd.

primé, il désirait partager leur repos dans la tombe. On ne le voyait plus guider un noble coursier, et chanter gaiement comme l'alouette au point du jour; il n'était plus fêté ni recherché par les châtelains et les châtelaines; on ne le faisait plus asseoir à la place d'honneur pour entendre le lai qu'il improvisait sur sa harpe : les vieux temps et les vieilles mœurs n'étaient plus. Un étranger occupait le trône des Stuarts; l'art innocent du barde était un crime aux yeux des fanatiques de ce siècle de fer. Pauvre, humilié, errant, il mendiait son pain de porte en porte, et accordait pour l'oreille d'un paysan la harpe qu'un roi avait aimé jadis à entendre.

Le ménestrel passait près de l'endroit où la tour majestueuse de Newark s'élève au-dessus des bouleaux de l'Yarrow; son regard s'y porta avec l'expression du désir; il ne voyait pas dans les environs un autre asile plus humble. Enfin, d'un pas craintif, il franchit le seuil de cette pesante porte de fer de laquelle étaient si souvent sorties des légions de combattans, mais qui ne s'était jamais fermée pour le pauvre et le malheureux. La duchesse (1) remarqua son air fatigué, sa démarche timide, sa figure vénérable, et dit à son page qu'elle voulait que ses gens fissent bon accueil au vieillard : malgré son illustre naissance, elle avait connu l'adversité; dans l'orgueil du pouvoir, dans la fleur de la beauté, elle avait pleuré sur la tombe sanglante de Monmouth.

Quand l'hospitalité eut pourvu à tous ses besoins, le ménestrel satisfait sentit renaître sa verve, il se mit à

---

(1) Anne, duchesse de Buccleuch et de Monmouth, héritière des anciens lords de Buccleuch, et veuve de l'infortuné Jacques, duc de Monmouth, décapité en 1685. — Éd.

INTRODUCTION.   147

parler du bon comte Francis (1) qui était allé rejoindre ses aïeux, et du comte Walter (2), que Dieu lui fasse paix! Jamais chevalier plus brave ne s'était montré dans les combats. Combien d'histoires il savait sur tous les anciens guerriers de Buccleuch! Si la noble duchesse daignait écouter les accens d'un vieillard, si elle aimait les sons de la harpe, quoique ses doigts fussent raidis par l'âge, quoique sa voix eût perdu de sa force, il croyait pourtant, à parler sans détour, pouvoir encore lui faire entendre des accords qui ne seraient pas sans charmes pour son oreille.

Cette humble demande lui fut bientôt accordée, et le vieux ménestrel obtint une audience de la duchesse. Mais, quand il entra dans le salon de parade où elle était assise avec toutes les dames de sa suite, il aurait peut-être préféré avoir essuyé un refus : quand il essaya d'accorder sa harpe, sa main tremblante avait perdu cette aisance que donne la certitude de plaire; et des scènes de joie et de douleur passées depuis long-temps se présentèrent confusément à sa mémoire vieillie : en vain il s'efforçait de mettre son instrument d'accord. La duchesse en eut compassion, elle loua l'harmonie de ses sons; elle l'encouragea, et attendit avec bienveillance que ses cordes fussent toutes montées sur le même ton. — Il allait tenter, dit-il alors, de se rappeler d'anciens chants qu'il ne se croyait plus destiné à répéter. Ils n'avaient pas été composés pour d'humbles villageois, mais pour de nobles dames, et pour de puissans sei-

(1) Francis Scott, comte de Buccleuch, père de la duchesse.
                                                            Éd.
(2) Walter, comte de Buccleuch, guerrier célèbre, aïeul de la duchesse. — Éd.

gneurs. Il les avait chantés devant le bon roi Charles, quand ce monarque tenait sa cour à Holyrood; il ne pouvait s'empêcher d'éprouver quelque crainte en essayant un air chéri, mais oublié depuis long-temps. Ses doigts errant sur les cordes en tirèrent un prélude peu assuré; il secoua plusieurs fois sa tête blanchie par l'âge; mais, quand il eut enfin saisi la mesure, le vieillard leva son front vénérable, il sourit, et ses yeux presque éteints brillèrent encore du feu poétique. Variant ses tons en parcourant ses cordes, il passait successivement de l'énergique au tendre : le présent, l'avenir, ses peines, ses privations, les glaces de l'âge, la méfiance de lui-même, tout fut oublié dans son enthousiasme. Si sa mémoire infidèle laissait quelque lacune dans ses chants, l'inspiration y suppléait; ce fut en s'accompagnant de sa harpe que le DERNIER MÉNESTREL chanta ce qui suit.

LE LAI

DU

DERNIER MÉNESTREL.

CHANT PREMIER.

I.

Le banquet était fini dans la tour de Branksome, et la dame du château s'était retirée dans son appartement secret, appartement gardé par des charmes et des paroles magiques, terribles à entendre et terribles à répéter. Jésus et Marie, protégez-nous! Nul être vivant, excepté elle, n'aurait osé franchir le seuil de la porte.

II.

Les tables étaient enlevées, tout était paisible et oisif; le chevalier, le page et l'écuyer se promenaient dans la grande salle, ou restaient groupés autour du vaste foyer; les chiens, fatigués de la chasse, sommeillaient étendus sur le plancher couvert de roseaux, et dans leurs songes poursuivaient encore la bête fauve depuis Teviot-Stone jusqu'à Eskdale-Moor.

III.

Vingt-neuf chevaliers de renom suspendaient leurs écus dans la grande salle de Branksome. Vingt-neuf fidèles écuyers veillaient à leurs coursiers; vingt-neuf hommes d'armes (1) d'une taille élevée les servaient avec soumission. Tous ces chevaliers, d'un courage à l'épreuve, étaient les parens du vaillant Buccleuch.

IV.

Dix d'entre eux étaient couverts d'acier, leurs épées pendaient à un baudrier, et leurs talons étaient armés d'éperons. Ni jour ni nuit ils ne quittaient leur brillante armure; ils se reposaient avec leur cuirasse, n'avaient d'autre oreiller qu'un dur et froid bouclier, découpaient à table, la main couverte du gantelet, et buvaient à travers la visière de leur casque.

V.

Dix écuyers et dix hommes d'armes, revêtus de cottes de mailles, étaient attentifs au moindre signe des dix guerriers; trente coursiers aussi agiles que vigoureux restaient sellés nuit et jour dans l'écurie, leur tête était défendue par un fronteau d'acier, et à l'arçon de la selle était suspendue une hache de Jedwood; cent autres coursiers étaient nourris dans l'étable. Tel était l'usage du château de Branksome.

VI.

Pourquoi ces coursiers sont-ils toujours prêts à par-

---

(1) Yeomen. — Éd.

tir? Pourquoi ces guerriers font-ils sentinelle et gardent-ils leur armure pendant la nuit? Ils veillent pour écouter les aboiemens du limier fidèle et le cor des combats; ils veillent pour voir déployer la croix rouge de Saint-Georges et briller les feux des signaux. Ils veillent pour n'être surpris ni par la ruse ni par la force, de peur que les Anglais Scroop, Howard ou Percy ne viennent de Warkworth, de Naworth ou de Carlisle, menacer les tours majestueuses de Branksome.

VII.

Tel est l'usage du château de Branksome. Maint chevalier y habite : mais où est celui qui fut leur chef? Son épée se rouille contre la muraille, à côté de sa lance rompue. La mort du puissant lord Walter sera longtemps un sujet de chants pour les bardes. Quand les citoyens d'Édimbourg effrayés s'enfuirent au loin pour éviter les fureurs de la guerre des frontières; quand les rues de la ville virent briller les lances, et les glaives se rougir dans le sang; quand on entendit pousser le cri terrible du *slogan* (1), ce fut alors que le chef de Branksome reçut le trépas.

VIII.

La piété peut-elle calmer la discorde? Peut-elle éteindre les feux d'une guerre à mort? Que peuvent les prières du chrétien, l'amour de la patrie et la divine charité? En vain des guerriers se rendent en pèlerinage dans tous les lieux saints; en vain ils implorent la clémence du ciel pour les chefs qu'ils ont eux-mêmes massacrés; tant que Cessford sera soumis aux descendans de Car, tant qu'Ettrick se fera gloire d'obéir à ceux de Scott, jamais,

---

(1) Cri de guerre écossais. — Éd.

jamais on n'oubliera les chefs qui ont péri, le carnage et les désastres de la guerre féodale.

IX.

Les belliqueux forestiers s'étaient inclinés douloureusement sur le cercueil de lord Walter; les jeunes filles et les matrones du vieux Teviot y avaient répandu des larmes et jeté des fleurs; mais l'épouse du guerrier ne répandit pas de larmes sur sa bière sanglante, elle ne la décora pas de fleurs. Le désir de la vengeance avait tari dans son ame la source d'une affliction plus douce. Un indomptable orgueil arrêtait la larme prête à couler. Mais quand, au milieu de son clan livré à la douleur, elle entendit son fils bégayer sur les genoux de sa nourrice, — Si j'atteins l'âge d'homme, la mort de mon père sera vengée, — alors les pleurs de la mère coulèrent, et baignèrent les joues enflammées de l'enfant.

X.

Négligeant le soin de sa parure, et laissant flotter en désordre ses beaux cheveux d'or, Marguerite, penchée sur la tombe de son père, pleurait avec désespoir. Mais la tendresse filiale ne faisait pas seule couler ses larmes amères; la crainte et les inquiétudes d'un amour sans espérance l'accablaient en même temps. Elle n'osait chercher la compassion dans les yeux courroucés de sa mère, son amant avait pris les armes avec Car contre le clan de lord Walter, lorsque l'onde de Mathouse-Burn parvint jusqu'à Melrose teinte de leur sang; elle savait que sa mère aimerait mieux la voir sur son lit de mort que de lui donner pour époux lord Cranstoun.

XI.

La châtelaine était de noble race, et fille d'un magicien de renom, de la famille de Béthune en Picardie:

son père avait appris l'art que personne n'ose nommer, à Padoue, par-delà les mers. On disait qu'il avait changé son corps mortel par la vertu d'un secret magique; et, quand il traversait en méditant le cloître de Saint-André, son ombre ne se dessinait point sur la muraille qu'éclairaient les rayons du soleil.

XII.

Les bardes racontent qu'il initia sa fille dans son art; elle sut comme lui forcer les esprits invisibles de l'air à paraître devant elle.

Assise dans son appartement secret de la tour occidentale du vieux lord David, la dame de Branksome écoute un son lugubre qui murmure autour des tourelles couvertes de mousse. Sont-ce les vagues du Teviot qui se brisent contre la rive escarpée (1)? Est-ce le vent qui agite les branches des chênes? Est-ce l'écho des rochers? Quel peut être ce son lugubre qui murmure autour des tourelles antiques de Branksome?

XIII.

A ce son triste et solennel, les limiers répondent par des hurlemens, et le hibou épouvanté pousse des cris funèbres du haut des tours qu'il habite. Dans la grande salle, le chevalier comme l'écuyer jurent qu'un orage va éclater. Ils approchent d'une fenêtre pour regarder le ciel; la nuit est belle et sans nuage.

XIV.

Mais la dame savait fort bien que ce son formidable n'était ni le gémissement du Teviot luttant contre le flanc de la montagne, ni le sifflement du vent entre les chênes, ni l'écho des rochers, ni le bruit précurseur

---

(1) *Scaur.* — Éd.

d'une tempête : c'était l'Esprit des Eaux qui parlait, et qui appelait l'Esprit de la Montagne.

XV.
L'ESPRIT DES EAUX.

— Dors-tu, frère?

L'ESPRIT DE LA MONTAGNE.

— Non, frère. Les rayons de la lune se jouent sur mes montagnes depuis Craig-Cross jusqu'à Skelf-Hill-Pen. Près de chaque ruisseau, dans chaque vallée, de joyeux esprits exécutent des danses légères au son d'une harmonie aérienne; ils forment des cercles d'émeraudes sur la bruyère : vois leurs pieds agiles, écoute leur douce musique.

XVI.
L'ESPRIT DES EAUX.

— Les pleurs d'une jeune fille captive altèrent mes eaux; Marguerite de Branksome, accablée de douleur, gémit à la pâle lueur de la lune. Dis-moi, toi qui t'approches des astres, quand cesseront ces discordes féodales? Quel sera le destin de la jeune vierge? qui sera l'époux de Marguerite?

XVII.
L'ESPRIT DE LA MONTAGNE.

— Le char d'Arthur poursuit lentement sa course dans une obscurité profonde autour du pôle; l'Ourse du nord est sombre et menaçante; la ceinture brillante d'Orion disparait dans les ténèbres; les planètes ne jettent qu'un éclat faible et éloigné qui perce par moment la nuit profonde : j'ai quelque peine à interpréter leurs décrets; mais les astres ne daigneront verser une influence favorable sur les eaux du Teviot et sur la tour de Branksome, que quand l'orgueil sera dompté et l'amour libre.

XVIII.

Les voix surnaturelles se turent, et le son redoutable mourut sur le sein calme des eaux et sur le penchant de la montagne ; mais il murmurait encore auprès de la tour de lord David et aux oreilles de la dame. Elle leva sa tête majestueuse, et son cœur palpitait d'orgueil. — Montagnes, s'écria-t-elle, vous courberez vos têtes ; et vous, ondes du Teviot, vous gravirez leur sommet, avant que Marguerite devienne l'épouse de notre ennemi.

XIX.

Elle retourna dans la grande salle où étaient ses vaillans chevaliers ; son fils, au milieu d'eux, se livrait avec une joie bruyante à des jeux enfantins. Se croyant déjà un maraudeur, l'enfant, à cheval sur le tronçon d'une lance, courait gaiement autour de la salle, comme s'il eût fait une invasion (1) sur le territoire anglais. Les chevaliers, même ceux qui avaient vieilli sous les armes, prenaient part à sa gaieté innocente, quoique leurs cœurs, naturellement farouches, fussent aussi durs que l'acier qui les couvrait : mais les guerriers à cheveux blancs prédisaient que le brave enfant dompterait un jour l'orgueil de la licorne, et ferait triompher le croissant et l'étoile (2).

XX.

La mère oublia un moment son dessein ; un instant, pas davantage. Elle s'arrêta sous la porte cintrée, jeta

---

(1) *A foray.* — Éd.
(2) Allusion aux armoiries des Scotts et à celle des Cars. — Éd.

un coup d'œil maternel sur son fils, et, du milieu de cette troupe de guerriers, appela William Deloraine.

XXI.

C'était un maraudeur aussi déterminé qu'on en vit jamais sur les frontières. Les yeux bandés il aurait trouvé son chemin à travers les sables de Solway et les marais de Tarras. Par son adresse, par son agilité, il avait cent fois donné le change aux limiers les plus acharnés de Percy. Il n'existait pas un seul gué dans l'Eske ou le Liddel, qu'il ne connût et qu'il n'eût passé. La saison, la force des courans n'étaient rien pour lui : les neiges de décembre ou la verdure de juillet, une nuit sans lune ou l'aube du matin, tout lui était indifférent. Jamais pillard chargé des dépouilles du Cumberland n'eut l'ame plus ferme, le bras plus vigoureux. Cinq fois il avait été proscrit par le roi d'Angleterre et par la reine d'Écosse.

XXII.

— Sir William Deloraine, prouve que tu sais me servir au besoin ; monte sur ton meilleur coursier, n'épargne pas l'éperon, et ne t'arrête que lorsque tu seras arrivé sur les bords de la Tweed ; cherche le moine de Sainte-Marie dans le saint édifice de Melrose ; salue ce père de ma part, et dis-lui que l'heure fixée par le destin est arrivée. Il veillera cette nuit avec toi pour obtenir les trésors de la tombe : car c'est la nuit de Saint-Michel ; quoique les étoiles soient obscurcies, la lune brille de tout son éclat ; et la croix d'un rouge de sang te montrera le sépulcre du puissant magicien.

XXIII.

— Aie soin de ce qu'il te donnera. Ne t'arrête point ; ne prends ni sommeil ni nourriture. Mais, que ce soit une lettre ou un livre qui te soit remis, garde-toi bien de l'ouvrir. Si tu l'ouvres, tu es perdu; il vaudrait mieux pour toi que tu ne fusses pas né.

XXIV.

— Ah! mon coursier gris-pommelé, qui boit l'onde du Teviot, répondit le guerrier, a le pas agile; et je serai de retour ici avant le point du jour. Vous ne pouviez, noble dame, confier votre message à un chevalier plus propre à s'en acquitter; car je ne pourrais lire une ligne, ni déchiffrer une lettre, serait-ce la première ligne ou la première lettre du verset qu'on présente à Hairibie (1).

XXV.

Deloraine fut bientôt en selle. Il descendit la colline escarpée, traversa la barbacane du château, et gagna les rives du Teviot. Il suivit la route de l'est sous une voûte de verdure formée par les rameaux entrelacés des coudriers; il passa le donjon de Goldiland, traversa le vieux Borthwick, entrevit la montagne de Moat-Hill, que les ombres des druides fréquentaient encore; aperçut dans Hawick des lumières qui disparurent bientôt derrière lui, et, pressant les flancs de son coursier, il arriva sous la tour d'Hazeldean.

XXVI.

Les sentinelles entendirent le bruit des pas du cheval: — Halte-là, courrier des ténèbres! — Je viens de Branksome, répondit le chevalier; et, laissant la tour

(1) Lieu où l'on exécutait les maraudeurs à Carlisle. On présentait jadis le sixième psaume *Miserere mei* aux criminels, pour voir s'ils savaient lire, et s'ils pourraient réclamer le privilège du clergé. Le premier verset du psaume s'appelait *le verset du cou* (le verset du pendu), *necke-verse*.

amie derrière lui, il quitta les bords du Teviot. Le murmure de l'eau guidant ses pas, il gravit une hauteur vers le nord, et gagna la prairie d'Horselie-Hill, laissant à sa gauche l'ancienne voie romaine (1).

XXVII.

Il s'arrêta un instant pour laisser reprendre haleine à son coursier essoufflé. Il desserra la sangle, et essaya s'il pourrait tirer facilement son glaive du fourreau. Les rayons de la lune éclairaient les rochers de Minto, où Barnhill avait établi sa couche de pierre; c'est là qu'il disputait aux faucons un abri pour reposer ses membres proscrits; de la cime de ces monts son œil d'aigle pouvait au loin apercevoir sa proie; les échos ajoutaient encore à la terreur qu'inspirait le cor du brigand; ces mêmes échos retentiront long-temps après les sons du chalumeau dorien, et quelque amant mélancolique apprendra aux bocages que l'ambition n'est pas un remède contre l'amour.

XXVIII.

Quittant ces lieux sans avoir rencontré aucun ennemi, Deloraine s'avança dans les beaux domaines de l'ancien Riddel, où l'Aill, ayant rompu les barrières que lui opposaient les montagnes, voit sortir des lacs ses vagues couronnées d'écume et semblables à la crinière hérissée d'un cheval bai. Mais nul torrent, quelque large, quelque profond qu'il soit, ne peut arrêter l'audacieux maraudeur.

XXIX.

Il s'élance dans les ondes impétueuses; elles couvrent la selle, et à peine à travers leur écume aperçoit-on la

(1) Ancienne route construite par les Romains, et qui traverse une partie du comté de Roxburgh. — Éd.

crinière du coursier qui était, comme son maître, complètement bardé de fer. Jamais homme et cheval plus pesamment armés n'avaient lutté au milieu de la nuit contre la force d'un torrent. Les vagues mouillèrent jusqu'au panache du guerrier, et cependant, graces à son courage et à la protection de la Vierge, il gagna enfin l'autre rive.

XXX.

Le chevalier arriva ensuite à Bowden-Moor, et secoua la tête en apercevant Halidon-Hill, car il se rappela le carnage de cette malheureuse journée où, pour la première fois, les Scotts et les Cars combattirent dans des rangs opposés; où le roi Jacques vit le vainqueur rester maître du champ de bataille; et où Home et Douglas, conduisant l'avant-garde, culbutèrent le clan de Buccleuch qui battait en retraite, jusqu'à ce que le sang du brave Cessford eût teint la lance d'Elliot.

XXXI.

Fronçant le sourcil, il se hâta de s'éloigner des lieux qui lui offraient de si tristes souvenirs, et vit bientôt, malgré l'obscurité, la Tweed rouler ses belles eaux, et Melrose montrer ses antiques murailles. Il vit s'élever la sombre abbaye, telle qu'un éminent rocher tapissé de lichen. En passant par Hawick, il avait entendu sonner le couvre-feu, maintenant on chantait les laudes dans Melrose. Les sons mourans de cette harmonie solennelle arrivaient jusqu'à lui, semblables à ceux de cette harpe magique qui ne sont produits que par le souffle des vents. Mais quand il entra dans Melrose, un profond silence y régnait. Il mit son coursier à l'écurie, et se rendit dans l'enceinte solitaire du couvent.

Ici la harpe cessa de se faire entendre, le feu du ménestrel s'éteignit aussitôt, son courage l'abandonna. Il baissa la tête d'un air confus, et, jetant un regard timide sur les dames qui l'entouraient, il semblait chercher à lire dans leurs yeux si elles étaient contentes de ses accords. N'osant croire aux louanges qu'il recevait, il parla du temps passé, et dit que la vieillesse et sa vie errante avaient rendu sa harpe moins juste et sa main moins sûre.

La duchesse, ses aimables filles, et toutes les dames qui avaient écouté le ménestrel, donnèrent chacune à son tour des éloges à ses chants. — Sa voix était sonore, sa main fidèle à la mesure, et elles désiraient l'entendre encore. Encouragé de cette manière, le vieillard, après quelques instans de repos, continua en ces termes.

FIN DU CHANT PREMIER.

LE LAI

DU

DERNIER MÉNESTREL.

CHANT SECOND.

I.

Veux-tu bien voir le beau Melrose (1) ? va le visiter à la lueur pâle de la lune : les rayons du jour semblent ne dorer ses débris antiques que par moquerie. Quand la nuit règne sur les arches brisées, et que la lune argente la sculpture de chaque croisée en ogive; quand sa clarté incertaine et froide se répand sur les restes de

(1) La vignette de ce volume représente l'abbaye de Melrose.

la grande tour centrale ; quand chaque arcade et chaque faisceau de colonnes paraissent être alternativement d'ivoire ou d'ébène ; quand un cadre d'argent entoure les figures en relief et les pieux versets qui vous exhortent à bien vivre et à bien mourir (1) ; quand le hibou chante sur les pierres des morts ; alors va, — mais va seul, admirer le temple en ruines de Saint-David, et conviens, au retour, qu'il n'existe nulle part un spectacle à la fois plus mélancolique et plus beau.

II.

Deloraine se souciait peu d'admirer ce noble édifice. Il frappe au guichet à grands coups avec la garde de son poignard. Le portier accourt. — Qui frappe si fort ? qui vient si tard ? — Je viens de Branksome, — répond le guerrier. A ces mots le guichet s'ouvre, car les chefs de Branksome avaient combattu pour soutenir les droits de Melrose ; et ils avaient donné à l'abbaye de vastes domaines pour le repos de leur ame.

III.

Le brave Deloraine déclara son message. Le portier inclina humblement la tête, et le conduisit en silence les pieds nus et une torche à la main ; les voûtes du cloître retentirent du bruit des armes du guerrier. Il baissa sa tête altière pour entrer dans la cellule du vieux moine de l'aile Sainte-Marie, et releva la visière (2) de son casque pour lui dire avec respect :

IV.

— La dame de Branksome vous salue. L'heure fixée

---

(1) Versets de l'Écriture sainte qui servent en quelque sorte de devise aux sculptures. — ÉD.

(2) Aventayle. — ÉD.

par le destin est arrivée; je dois veiller avec vous cette nuit pour obtenir les trésors de la tombe. — Le moine était sur la haire qui lui servait de couche; il souleva avec peine ses membres raidis par l'âge. Cent années avaient répandu leur neige sur sa longue barbe et sur les cheveux rares qui lui restaient.

v.

Ses yeux bleus contemplent le chevalier d'un air égaré : — Oses-tu bien, guerrier, chercher à voir ce que le ciel et l'enfer veulent cacher? Ma poitrine est entourée d'une ceinture de fer, mon corps est couvert d'un cilice armé de pointes aiguës. J'ai passé soixante ans dans la pénitence; mes genoux ont usé les pierres de ma cellule, et c'est encore trop peu pour obtenir le pardon d'avoir connu ce qui ne devait jamais l'être. Veux-tu passer dans la prière et la pénitence le reste de tes années, et n'attendre qu'en tremblant la fin de tes jours?... Audacieux guerrier, suis-moi.

vi.

— Je ne veux pas de pénitence, Père. Rarement j'entre dans une église, et je sais à peine une prière, tout au plus un *Ave Maria* que je récite quand je pars pour faire une excursion sur les frontières. Hâtons-nous donc, que je retourne promptement.

vii.

Le vieillard regarda encore le chevalier, et poussa un profond soupir. Il avait lui-même porté les armes autrefois, et avait combattu avec courage en Italie et en Espagne. Il pensait à ces jours passés depuis long-temps où ses membres étaient pleins de vigueur, son cœur bouillant de courage... Aujourd'hui il marche à pas lents vers le jardin du monastère. Les voûtes du cloître étaient sur leurs têtes, et sous leurs pieds les ossemens des morts.

VIII.

La rosée de la nuit brille sur des fleurs et des arbustes sans nombre ; ces fleurs et ces arbustes sont habilement retracés par la sculpture du cloître. Le moine fixa longtemps ses regards sur la lune ; ses yeux semblèrent ensuite vouloir percer l'obscurité des voûtes. Des rayons de lumière, d'un rouge étincelant, traversaient l'horizon du nord. C'est ainsi qu'il avait vu dans la belle Castille de jeunes cavaliers s'élancer en brillans escadrons, tourner leurs coursiers agiles et lancer le dard inattendu (1). Il savait que ces rayons de lumière étaient les feux du nord servant de coursiers aux esprits.

IX.

Le moine et le guerrier pénètrent dans la nef par une porte garnie d'airain. Le toit sombre s'élevait sur de hautes colonnes délicates et légères ; la maîtresse pierre qui fermait chaque arcade était sculptée en fleurs de lis ou en trèfle ; tous les frontons représentaient des figures grotesques et bizarres, et les piliers, élégans depuis la base jusqu'au chapiteau, auraient pu être pris pour des faisceaux de lances réunies avec des guirlandes.

X.

Autour de l'autel, des écussons, des bannières déchirées, s'agitaient avec bruit au souffle glacial du vent de la nuit. C'était là que la lueur mourante d'une lampe éclairait l'urne sépulcrale du vaillant chef qui périt à Otterburne, et celle du chevalier de Liddesdale ! O pé-

(1) Le jeu mauresque du Djerid. — Éd.

rissables honneurs de la mort! fière ambition, quelle chute pour ton orgueil!

XI.

Du côté de l'est, la lune versait sa clarté à travers un treillage en pierre, travaillé avec tant de délicatesse qu'on eût dit que la main d'une fée, tressant des brins d'osier entre des peupliers, en avait formé des nœuds fantastiques, pour pétrifier ensuite, par un charme magique, les vertes guirlandes du saule. Cette lumière, pâle et tremblante, découvrait les prophètes et les saints dont l'image était peinte sur le verre. Au milieu d'eux, Michel triomphant brandissait l'étendard rouge de la croix, et foulait aux pieds l'ange rebelle; un rayon de lumière traversant ces vitraux sacrés teignait de la couleur du sang le marbre du pavé.

XII.

Ils s'assirent sur une pierre sous laquelle reposait un roi d'Écosse; alors le moine dit d'un ton solennel : — Je n'ai pas toujours vécu dans la solitude du cloître; j'ai vu le pays des païens, j'ai combattu pour la croix sainte. Cependant aujourd'hui la vue de tes armes est étrange à mes yeux, et le son de ton armure est nouveau pour mon oreille.

XIII.

— Dans ces pays lointains, le hasard me fit connaître le célèbre Michel Scott, ce magicien dont le pouvoir était si redoutable, qu'en élevant sa baguette dans la caverne de Salamanque, il faisait, quand il le voulait, sonner les cloches de Notre-Dame. Il m'apprit quelques-uns des secrets de sa science; je pourrais te dire, guerrier, les paroles qui partagèrent le sommet de l'Eildon et qui placèrent un pont sur la Tweed; mais on ne pourrait les prononcer sans péché, et rien que pour y avoir secrètement pensé, je vais être obligé de faire triple pénitence.

XIV.

— Quand Michel fut sur son lit de mort, des remords éveillèrent sa conscience; il songea à ses fautes, et désira me voir près de lui sans délai. J'étais le matin en Espagne, et avant la nuit je fus au chevet de son lit. Ce qu'il me dit en mourant ne peut être répété... Cette nef massive s'écroulerait et couvrirait sa tombe de ses débris.

XV.

— Je fis serment d'enterrer son livre tout-puissant, afin que nul mortel ne pût le lire, et de ne jamais révéler où je l'aurais caché, à moins que ce ne fût pour servir son chef, le baron de Branksome. Quand je lui eus creusé un caveau dans ce séjour des morts, j'y déposai ses restes; la cloche sonnait une heure; la lune brillait de tout son éclat. Je saisis cet instant afin que la croix de son patron, réfléchissant sa couleur rouge sur sa tombe, en pût écarter les malins esprits.

XVI.

— Ce fut une nuit solennelle et terrible que celle où le tombeau s'ouvrit pour Michel. Des sons étranges se firent entendre dans cette nef, et toutes ces bannières furent agitées sans qu'on sentit un souffle d'air. — Le moine parlait encore, quand la cloche sonna une heure. Je vous ai dit que jamais chevalier plus brave que William Deloraine ne lança son coursier contre un ennemi, et cependant une terreur soudaine vint glacer son sang dans ses veines, et ses cheveux se dressèrent sur sa tête.

XVII.

— Guerrier, regarde cette croix rouge, elle t'indique la tombe du grand magicien. Dans ce caveau brûle une lampe miraculeuse, pour en bannir les esprits qui aiment les ténèbres. Elle brûlera sans jamais s'éteindre, jusqu'au dernier jugement. — Le moine s'avança lentement vers la pierre sur laquelle se réfléchissait la croix couleur de sang; étendant sa main flétrie et décharnée, il montra au chevalier un pieu de fer caché dans un coin, et lui fit signe de s'en servir pour ouvrir le caveau.

XVIII.

Deloraine se met à l'ouvrage; son cœur bat avec force. Il incline ses membres nerveux sur le tombeau, et ses puissans efforts font couler la sueur sur son front comme des gouttes de pluie. Enfin il réussit à soulever l'énorme pierre. Une lumière éclatante jaillit tout à coup du caveau, s'élança jusqu'aux voûtes de la nef, et se répandit de tous côtés. Jamais flamme terrestre ne fut si éblouissante. Elle brillait comme la clarté pure des cieux; elle éclaira le visage pâle du moine et son capuchon, la cotte de mailles et le panache flottant du guerrier.

XIX.

Le magicien se présenta à leurs yeux comme s'il n'avait jamais cessé de vivre. Les flots d'argent de sa barbe blanche attestaient qu'il avait vu plus de soixante-dix hivers. Il était couvert d'une aumusse et d'un baudrier de Tolède, comme un pèlerin arrivant d'outremer. De la main gauche il tenait son livre de magie, de la droite une croix d'argent, et la lampe brûlait à ses pieds: il avait encore cet air fier et majestueux qui avait fait trembler les esprits les plus redoutables, et son visage était si serein qu'ils espérèrent que son ame avait trouvé grace.

XX.

Souvent William Deloraine avait parcouru le théâtre sanglant des combats, souvent il avait foulé aux pieds les cadavres des guerriers, toujours sans crainte et sans remords ; mais les remords et la crainte s'emparèrent de lui quand il vit cette étrange apparition. Respirant à peine, les yeux obscurcis et troublés, il resta immobile et sans force. Le moine se mit à prier avec ferveur et à haute voix, en détournant la tête : il ne put soutenir la vue de celui qu'il avait chéri avec une affection fraternelle.

XXI.

Lorsqu'il eut achevé les prières des morts : — Hâte-toi, dit le moine à Deloraine, hâte-toi de terminer ce que tu as à faire, ou nous pourrions payer bien cher notre audace, car tu ne peux voir ceux qui s'assemblent autour de cette tombe entr'ouverte. — Alors le chevalier, frappé de terreur, prit de la main froide du magicien le livre tout-puissant, relié en fer et fermé par des agrafes de même métal. Il crut voir le mort froncer le sourcil ; mais l'éclat de la lumière qui sortait du sépulcre avait peut-être ébloui les yeux du guerrier.

XXII.

Lorsque l'énorme pierre recouvrit la tombe, les ténèbres redoublèrent ; car la lune avait disparu, et les étoiles scintillaient en petit nombre. Le prêtre et le chevalier se retirèrent d'un pas chancelant et l'esprit égaré, ayant à peine la force de regagner la porte. On dit qu'en traversant les ailes de l'église, ils entendirent dans l'air des bruits étranges, et que des galeries qui régnaient le long des murs il partit de profonds gémissemens, de bruyans éclats de rire, ou des sons qui ne ressemblaient pas à la voix humaine, comme si les démons eussent célébré une fête, parce que le livre magique revoyait le jour. Je ne puis dire si ces détails sont vrais : je conte l'histoire comme je l'ai apprise.

XXIII.

— Maintenant, retire-toi, dit le moine; et, lorsque nous serons sur notre lit de mort, oh! puisse Notre-Dame et le secourable saint Jean obtenir pour nos ames le pardon de ce que nous venons de faire! — Le père retourna dans sa cellule pour s'y livrer à la prière et à la pénitence; mais, quand la cloche du couvent sonna midi, le moine de Sainte-Marie n'existait plus. Son corps était étendu devant la croix, les mains jointes, comme s'il priait encore.

XXIV.

La fraîcheur de l'air du matin rendit plus libre la respiration du chevalier, et il s'efforça de retrouver son courage. Il se sentit soulagé quand il fut au-delà des monumens funèbres qui entourent les murs de l'abbaye; car le livre mystérieux accablait son sein comme d'un poids énorme, et ses membres si robustes tremblaient comme les feuilles du saule agitées par le vent. Il vit avec plaisir les premiers feux de l'aurore éclairer la cime du mont Cheviot; le retour de la lumière réjouit son cœur, et il récita un *Ave Maria* aussi bien qu'il le put.

XXV.

Le soleil dorait déjà le Cheviot et la côte du Carter; bientôt ses célestes rayons découvrirent les flots du Teviot et les tours de Branksome. Les oiseaux saluaient le jour naissant par leurs concerts; les fleurs sortaient de leur sommeil pour s'épanouir; la pâle violette soulevait sa tête à travers le gazon, et la rose des montagnes entr'ouvrait son sein. Plus belle que la plus belle des roses, mais plus pâle que la violette, la plus aimable des filles de la vallée de Teviot quitta sa couche que fuyait le sommeil.

XXVI.

Pourquoi la belle Marguerite se lève-t-elle de si grand matin? Pourquoi se presse-t-elle ainsi de se parer? Pourquoi ses jolis doigts tremblent-ils en serrant les nœuds de soie qu'elle forme à la hâte? Pourquoi s'arrête-t-elle pour regarder derrière elle d'un air craintif en se glissant dans l'escalier dérobé? Pourquoi caresse-t-elle le limier qui se réveille en l'entendant passer? Et quoiqu'elle sorte seule par la poterne, pourquoi la sentinelle ne sonne-t-elle pas du cor?

XXVII.

Marguerite s'avance d'un pas timide et tremblant, parce qu'elle craint que sa mère vigilante ne l'entende; elle caresse le limier, de peur que ses aboiemens n'éveillent tout le château; la sentinelle ne sonne pas du cor, parce que c'est le fils de son père nourricier qui veille sur le rempart; et elle se glisse dans le taillis, au retour de l'aurore, pour y joindre son chevalier fidèle, le baron Henry.

XXVIII.

Le chevalier et celle qu'il aime sont assis sous les rameaux d'aubépine, qui n'ont jamais prêté leur ombre à un couple plus beau. Henry était jeune, de haute taille, d'un port majestueux, redouté sur le champ de bataille! et chéri dans les châteaux; et elle..... quand un amour à demi caché et à demi avoué, animait ses joues d'un vermillon plus vif; quand un soupir prêt à s'échapper de son sein le faisait battre doucement contre le ruban de soie qui le tenait captif; quand ses yeux bleus, ombragés par les boucles de sa chevelure d'or, trahissaient son secret, où auriez-vous pu trouver la beauté sans égale digne d'être comparée à Marguerite de Branksome?

XXIX.

Et maintenant, belles dames, il me semble que vous écoutez mes chants avec une nouvelle attention. Vous rejetez en arrière votre chevelure flottante, et vous penchez vos fronts de neige. Vous croyez que je vais vous faire entendre l'histoire attendrissante de deux amans bien épris, s'entretenant dans une vallée; vous désirez savoir comment le chevalier, brûlant du plus tendre feu, cherche à peindre son amour fidèle; et jure qu'il mourrait aux pieds de Marguerite, plutôt que de cesser de l'aimer..., pendant que Marguerite rougit, soupire, hésite entre un refus et un doux aveu, et dit qu'elle ne connaîtra jamais les liens de l'hymen, mais que, si la haine sanguinaire des partis pouvait s'éteindre, Henry de Cranstoun fixerait le choix de Marguerite de Branksome.

XXX.

Hélas! belles dames, votre espérance sera trompée : ma harpe a perdu ses accords enchanteurs; ce sujet aimable et léger conviendrait mal à ma vieillesse; ma tête a blanchi, ma main est sans force, mon cœur s'est éteint, et tout mon sang s'est glacé; pourrais-je encore chanter l'amour.

XXXI.

Sous un chêne que le temps avait couvert de mousse, le nain du baron gardait le coursier de son maître, sa lance et son heaume surmonté d'un panache. Ce nain était à peine une créature humaine, s'il faut ajouter foi aux différens bruits qui couraient sur toute la frontière. On disait que le baron, étant un jour à la chasse dans la vallée peu fréquentée de Reedsdale, il entendit une voix s'écrier : — Perdu ! perdu ! perdu (1) ! — Au même instant, ce nain difforme, et semblable à un singe, s'élançant du milieu des genêts avec la rapidité d'une balle lancée par une raquette, fit un saut de trente-trois pieds, et tomba aux genoux de lord Cranstoun. Le baron, plus que surpris, courut cinq milles tout d'une traite pour se débarrasser d'un tel compagnon. Mais le nain faisait quatre milles pendant que lord Cranstoun en faisait un, et il arriva le premier à la porte du château.

XXXII.

L'habitude, dit-on, diminue le merveilleux. Ce nain demeura avec le baron : il mangeait peu, parlait moins, et il évitait les autres serviteurs. Souvent il élevait les bras en disant : — Perdu ! perdu ! perdu ! Il était paresseux, fantasque, acariâtre ; mais il servait fidèlement lord Cranstoun, et ses services étaient agréables à son maître, qui, un jour, sans lui, aurait été tué ou fait prisonnier.

XXXIII.

Le baron faisait un pèlerinage accompagné de ce page nain. Il avait fait vœu de présenter une offrande à la

---

(1) *Lost ! lost ! lost !* — Éd.

chapelle de Sainte-Marie, près du lac de Notre-Dame, et il voulait l'accomplir. Mais la dame de Branksome rassembla ses meilleurs cavaliers, et leur donna pour rendez-vous Newark-Lee. On y vit accourir John de Thirlestaine, Wat de Hárden, William de Deloraine, suivis de trois cent trois lances. La plaine de Douglas, la rivière d'Yarrow, virent caracoler leurs chevaux et briller leurs armures. Ils arrivèrent avant le jour au lac de Notre-Dame : mais le baron était parti, la chapelle étaient déserte ; ils la brûlèrent de rage, et maudirent le page de lord Cranstoun.

XXXIV.

Et maintenant, sous un vieux chêne, dans le taillis de Branksome, le coursier du baron dresse l'oreille, comme s'il entendait quelque bruit lointain. Le nain agite ses longs bras, et il fait signe aux amans de se séparer et de fuir. Ce n'était plus le moment de prononcer des vœux de constance ni de soupirer. La belle Marguerite se retire à travers les coudriers, comme le ramier timide ; Henry saute légèrement sur son coursier, pendant que le nain lui tient l'étrier, et il s'avance du côté de l'est à travers les touffes d'aubépine.

Tandis qu'il chantait ainsi son récit trop long peut-être, la voix faillit au ménestrel. Un page s'en aperçut, et mit dans la main flétrie du vieillard une coupe pleine de l'excellent vin des coteaux brûlés de Velez. Le ménestrel prit le vase d'argent, le souleva, et versa une larme de reconnaissance, en priant Dieu de bénir long-temps la duchesse et tous ceux qui daignaient encourager un fils de l'harmonie. Les jeunes filles sourirent en voyant avec quelle volupté le vieillard vida lentement la coupe jusqu'à la dernière goutte. Enhardi par ce jus précieux, il les regarde lui-même en souriant. Le nectar échauffe son cœur, et fait circuler plus rapidement son sang dans ses veines. Le ménestrel prélude d'un ton plus vif et plus léger, et continue son histoire.

FIN DU CHANT SECOND.

LE LAI

DU

DERNIER MÉNESTREL.

CHANT TROISIÈME.

I.

Ai-je dit que mes membres étaient affaiblis par l'âge? Ai-je dit que mon sang était glacé dans mes veines; que le feu qui m'animait était éteint; que mon pauvre cœur avait cessé de battre? Ai-je dit que je ne pouvais plus chanter l'amour? Ah! comment ai-je pu être ingrat envers le Dieu qui inspira toujours le ménestrel et charma ses rêveries poétiques? Comment ai-je pu prononcer le nom de l'amour sans renaître à l'enthousiasme?

II.

Pendant la paix l'amour rend harmonieux le chalumeau du berger; pendant la guerre, il monte sur le coursier du vainqueur; dans les salons, il attire les yeux par sa parure; dans les hameaux, il danse sur le gazon: l'amour règne à la cour, dans les camps et dans les bois;

il gouverne les mortels sur la terre et les saints dans le ciel, car l'amour, c'est le ciel, et le ciel, c'est l'amour.

III.

Telle était, je crois, la pensée de lord Cranstoun, tandis que, réfléchissant au tendre entretien qu'il venait d'avoir avec la belle de ses pensées, il traversait le vert taillis de Branksome. Tout à coup son page pousse un cri perçant, et à peine le baron avait-il eu le temps d'assurer son casque sur sa tête, qu'il vit un chevalier de haute taille qui descendait la montagne. Son coursier gris-pommelé était couvert de sueur; son armure était souillée d'anciennes taches de sang; il semblait lui-même aussi fatigué que s'il eût marché toute la nuit; en effet c'était William Deloraine.

IV.

Mais ce chevalier oublia sa fatigue dès que les rayons du soleil firent briller à ses yeux la cigogne qui surmontait le casque du baron; il mit la lance en arrêt. Quelques courtes menaces exprimèrent la haine des deux champions; d'orgueilleuses provocations donnèrent bientôt le signal d'un cruel combat. Les coursiers mêmes semblaient savoir que leurs maîtres étaient ennemis mortels, et le feu sortait de leurs naseaux, quand les deux chevaliers tournèrent bride pour prendre du champ.

V.

Le baron poussa un soupir et récita une prière: la prière était pour son saint patron, le soupir pour sa dame. Son ennemi ne pria ni ne soupira, il n'appela à son aide ni saint ni dame; mais, courbant la tête et tenant sa lance en arrêt, il pressa les flancs de son coursier; la rencontre de ces deux fiers champions fut comme le choc de deux nuages qui recèlent la foudre.

CHANT TROISIÈME.

VI.

Deloraine porta un coup terrible qui fit plier le baron sur la croupe de son cheval, et qui ébranla toutes les plumes de son panache. La lance du chevalier, cette lance si sûre et si fidèle, quoique du frêne le plus dur, se brisa en mille pièces; mais celle de Cranstoun, plus heureuse, perça le bouclier de son adversaire, comme si c'eût été un tissu de soie, traversa sa cotte de mailles et tous ses vêtemens, et ne se rompit enfin qu'en faisant une profonde blessure. Toutefois le guerrier se maintenait sur ses arçons; mais son coursier, renversé par la violence du choc, l'entraîna dans sa chute, et le cheval et le cavalier restèrent étendus sur la poussière. Le baron continuait sa route; dans le trouble de ses idées, à peine savait-il qu'il laissait son ennemi grièvement blessé.

VII.

Mais bientôt il se retourne, et voit son adversaire insensible comme la terre sanglante sur laquelle il est étendu; sir Henry ordonne à son page d'étancher sa blessure, de la bander soigneusement, et de reconduire Deloraine jusqu'à la porte du château de Branksome. Son noble cœur s'émeut de compassion pour le parent de celle qu'il aime :—Accomplis mes ordres sans délai, dit-il; je ne puis moi-même m'arrêter, obligé de me dérober au trépas par une prompte fuite.

VIII.

Lord Cranstoun partit à toute bride, et son nain obéit. Il ne trouvait pas un grand plaisir à faire le bien; mais jamais il ne résistait aux ordres de son maître. En dépouillant le blessé de son armure, il découvrit le livre merveilleux. Surpris qu'un si fier chevalier marchât chargé de l'équipage d'un chapelain, il oublia la blessure du vaincu pour porter sur ce livre une main indiscrète.

IX.

Les agrafes de fer résistèrent long-temps à tous ses efforts ; car, dès qu'il avait réussi à en ouvrir une, elle se fermait pendant qu'il cherchait à ouvrir l'autre. Elles ne cédèrent à ses mains profanes que lorsqu'il eut frotté la couverture avec le sang figé du blessé. Alors le livre s'ouvrit, et le nain eut le temps d'y lire un secret magique : par sa vertu on pouvait prendre une belle dame pour un vaillant chevalier ; les toiles d'araignée tapissant les murailles d'un cachot pour de riches tentures ornant les murs d'un palais ; une coquille de noix pour une nacelle dorée ; une chaumière pour un château ; la jeune fille pour une vieille surannée ; le vieillard pour un jeune homme ; enfin donner à l'illusion l'apparence de la vérité.

X.

Il allait continuer de lire, quand il reçut un coup si violent, qu'il en fut renversé à côté de Deloraine. Il se releva d'un air confus, balançant sa grosse tête qui n'avait aucune proportion avec son corps : — Vieillard des siècles, s'écria-t-il, tu frappes bien fort ! Il ne prononça que ces mots, et, n'osant plus tenter d'ouvrir le livre, qui s'était fermé de lui-même, il le cacha sous ses vêtemens. Les agrafes, quoique couvertes de sang chrétien, se réunirent plus étroitement que jamais. Si vous me demandez qui l'avait ainsi frappé, c'est ce qu'il me serait impossible de vous dire ; mais ce coup n'avait pas été porté par une main mortelle.

XI.

Le page exécuta enfin, quoiqu'à contre-cœur, les ordres de son maître; et, ayant soulevé Deloraine privé de connaissance, il le mit sur un cheval, et le conduisit au château de Branksome, où il le fit entrer à la barbe de toutes les sentinelles, qui jurèrent qu'elles n'avaient vu arriver qu'une charrette chargée de foin. Il le mena dans la tour du roi David, jusqu'à la porte de l'appartement secret de la dame du château; et, sans le talisman qui empêchait qu'elle ne pût s'ouvrir, il l'aurait déposé sur son lit. Toutes les fois qu'il employait la magie, c'était toujours avec malice. Il jeta le guerrier par terre, et le sang coula de nouveau de sa blessure.

XII.

Comme il repassait dans la cour, il y vit le fils de la châtelaine, qui était à jouer, et il résolut de l'emmener avec lui dans le bois; car il faut dire, une fois pour toutes, qu'il se plaisait toujours à faire le mal, et qu'il ne faisait jamais le bien qu'à regret. L'enfant le prit pour un de ses camarades, et les sentinelles qui gardaient la porte n'y virent passer qu'un chien d'arrêt et un chien couchant.

XIII.

L'enfant et le nain traversèrent collines et vallons, et arrivèrent sur le bord d'une petite rivière qui coulait dans la forêt. Ses eaux courantes rompirent le charme, et le nain parut sous ses traits difformes. S'il avait osé se livrer à son penchant malfaisant, il aurait brisé les jambes du noble enfant, ou l'aurait étranglé de ses doigts longs et maigres; mais il craignait le pouvoir redoutable de sa mère, et le sien était limité. Il se borna donc à lancer sur lui un regard terrible; et, traversant la rivière d'un seul saut, il disparut dans l'épaisseur du bois en poussant un grand éclat de rire, et en s'écriant:
— Perdu! perdu! perdu!

XIV.

Épouvanté, comme il devait l'être à son âge, de cette métamorphose, de la figure affreuse qui s'était offerte à ses yeux, et du cri sauvage qu'il venait d'entendre, le bel enfant semblait avoir pris racine dans les bois comme un jeune lis. Enfin il chercha à retrouver le chemin de Branksome, tremblant à chaque pas de voir paraître derrière un buisson le visage horrible qui l'avait effrayé. Il se mit donc en chemin, et marcha long-temps; mais plus il s'avançait dans le bois, plus il s'égarait. Enfin il entendit les échos des montagnes répéter les aboiemens d'un chien.

XV.

Écoutez! écoutez! le bruit des aboiemens s'approche de plus en plus. Un limier paraît dans le sentier; son museau incliné semble chercher une piste, et son œil lance le feu. Dès qu'il aperçut l'enfant, il courut sur lui avec fureur. Vous auriez vu avec plaisir la contenance du brave enfant, digne fils de son noble père. Le visage rouge de colère et de crainte, il s'arrêta pour faire face au limier, et leva sa baguette. Il en frappa même si bien son ennemi, que celui-ci, n'osant avancer, fit halte à son tour, continuant à aboyer, et semblant guetter l'instant de s'élancer sur lui. Tout à coup un archer parut à travers le taillis; et, voyant le limier en arrêt, il bandait son arc, et il allait faire partir la flèche, quand une voix forte s'écria : — Ne tire pas, Édouard ne tire pas! c'est un enfant.

XVI.

Celui qui venait de parler ainsi sortit du bois, arrêta le bras de son compagnon, et apaisa la fureur du chien. C'était un archer anglais du comté de Lancastre. Nul n'avait l'œil plus juste ni la main plus sûre pour abattre un daim à cinq cents pieds de distance. Des cheveux noirs, coupés très-court, entouraient son visage brûlé par le soleil; la croix de saint Georges, emblème de la vieille Angleterre, était attachée à sa toque; son cor était suspendu à son côté par un baudrier de peau de loup, et son couteau de chasse, brillant et bien affilé, avait tranché les jours de plus d'une bête fauve.

XVII.

Ses vêtemens, verts comme les feuilles de la forêt, lui descendaient à peine aux genoux, et il portait à sa ceinture un carquois poli et plein de flèches acérées. Son bouclier avait à peine neuf pouces en tous sens. Il n'aurait pas regardé comme un homme celui qui aurait blessé son adversaire au-dessous du genou. Il tenait en main son arc détendu, et la courroie lui servait à mener son chien en laisse.

XVIII.

Il ne voulait faire aucun mal au bel enfant, mais il le saisit d'un bras vigoureux pour qu'il ne pût ni s'enfuir ni se défendre, car en voyant la croix rouge il se débattait violemment. — Par saint Georges! Édouard, s'écria l'archer, je crois que nous avons fait une bonne prise, car les traits et le courage de ce jeune captif annoncent qu'il est de haut lignage.

XIX.

— Sans doute, je suis de haut lignage, puisque je suis le fils du brave Buccleuch; et, si tu veux me priver de ma liberté, méchant Anglais, tu le paieras bien cher, car tu verras bientôt arriver Walter de Harden, le vaillant William Deloraine, et tous ceux qui portent le nom de Scott, depuis l'Esk jusqu'à la Tweed; si tu ne me laisses aller, je te ferai pendre, malgré tes flèches et ton arc, et tu serviras de pâture aux corbeaux.

XX.

— Grand merci de ta bonne volonté, mon bel enfant; mais je n'ai jamais aspiré à de si hautes destinées; et, si tu es le chef d'un tel clan, si tu es le fils d'un tel homme, et que tu arrives à l'âge de commander, nous pouvons nous tenir sur nos gardes, car je parie mon arc d'if contre une baguette de coudrier, que tu feras parler de toi sur les frontières. En attendant, tu voudras bien me suivre, car le brave lord Dacre sera charmé de te voir. Je crois que nous n'avons pas perdu notre temps en nous emparant du fils de ton père.

XXI.

Pendant qu'on emmenait l'enfant loin du château de Bransksome, il semblait toujours y être, car le nain y jouait son rôle; et, sous les traits du jeune Buccleuch, il mettait tout le château en désordre. Il pinçait ses compagnons, les battait, les renversait par terre; il en tua presque quelques-uns. Il déchira la robe de soie de dame Madeleine, et tandis que Sym Hall était près de la cheminée, il mit le feu à la mèche de son mousquet, et le blessa grièvement. On aurait peine à s'imaginer tous les méchans tours qu'il jouait dans le château, où l'on commençait à croire que le jeune baron était possédé.

XXII.

Sans doute que la noble dame aurait bientôt détruit le charme; mais elle n'était alors occupée que des soins qu'exigeait la blessure de Deloraine : elle avait été bien surprise de le trouver étendu près du seuil de sa porte; elle pensa d'abord que quelque esprit aérien avait maltraité le maraudeur, parce qu'au mépris des ordres qu'elle lui avait donnés il avait peut-être voulu lire dans le livre magique ; mais la lance rompue était encore dans sa blessure : elle reconnut que c'était la lance d'un ennemi.

XXIII.

Elle en retira le tronçon, arrêtant par un charme le sang qui coulait encore; puis elle fit laver et bander la plaie, et laissa Deloraine sur la couche où elle l'avait fait placer; mais elle avait pris le fragment de l'arme fatale, elle en essuya le sang, et le frotta d'un baume précieux. Tandis qu'elle s'occupait de cette opération, William Deloraine souffrait comme si l'on eût sondé sa blessure. Cependant la duchesse annonçait à ses femmes qu'il serait guéri dans un jour et une nuit. Elle n'épargna aucune peine, car elle prenait l'intérêt le plus vif à un ami si brave et si fidèle.

XXIV.

La journée se passa ainsi. Le soir arriva, et amena l'instant où l'on allait sonner le couvre-feu. L'air était doux, toute la nature était calme, le fleuve roulait paisiblement ses ondes, une rosée embaumée tombait du ciel, et la sentinelle, placée sur le haut de la tour, se félicitait de la beauté de la nuit. La belle Marguerite jouissait plus que personne de cette heure de paix et de silence. Seule, assise sur le haut d'une tour, elle pinçait son luth, chantait quelques airs tendres, et dans les intervalles pensait au bosquet d'aubépine. Ses cheveux d'or étaient dégagés de tous liens; sa joue de rose était appuyée sur sa main, et ses yeux bleus se tournaient du côté de l'ouest, car les amans aiment l'étoile qui brille vers l'occident.

XXV.

Est-ce cet astre qu'elle voit apparaître lentement sur

le sommet du Penchryst, et qui, brillant à chaque instant de nouveaux feux, semble secouer sur la nuit sa chevelure rayonnante? Est-ce l'étoile de l'occident qui répand cette rouge lumière? Non; c'est le signal embrasé de la guerre.... A peine si Marguerite peut respirer; elle ne reconnaît que trop cette flamme, brillant précurseur du trépas.

XXVI.

La sentinelle l'aperçoit en même temps; son cor retentit au loin; ces sons guerriers sont répétés par l'écho des rochers, des bois et des rivières; ils jettent l'alarme dans la grande salle, et en font sortir tous les guerriers, qui se précipitent dans la cour. La cour fut à l'instant éclairée par cent torches, à la lueur desquelles on voyait briller confusément les casques et les panaches; et les lances, se heurtant en désordre, semblaient des roseaux agités par le vent sur les bords d'un ruisseau.

XXVII.

Le sénéchal, dont la flamme des torches rougissait les cheveux blancs, se tenait au milieu de la troupe, donnant ses ordres d'un air imposant et d'un ton d'autorité. Le signal brille sur le mont Penchryst, et se répète sur les sommets du Priesthaughswire. — A cheval! à cheval! qu'on observe les mouvemens de l'ennemi! A cheval pour Branksome. — Toi, Todrig, cours avertir le clan des Johnstones, qui furent toujours aussi fidèles que braves. Il est inutile d'envoyer à Liddesdale; il suffira qu'on y voie les flammes des signaux; les Elliots et les Armstrongs ne se feront pas attendre..... Alton, pars sans délai, va prévenir le gouverneur des frontières.... Gilbert, allume le feu qui doit avertir notre clan et nos amis.

CHANT TROISIÈME.

XXVIII.

La belle Marguerite, du haut de la tourelle, entendit le bruit des coursiers, des harnois, des armures et des armes, lorsque les cavaliers s'élancèrent sur la selle en mêlant leurs diverses acclamations; les uns se dirigèrent vers le nord, les autres vers le sud, ceux-ci vers l'est, eux-là vers l'ouest, pour reconnaître l'ennemi, surveiller sa marche, et faire armer leurs vassaux et leurs alliés.

XXIX.

Un page s'empressa de réveiller la flamme endormie des signaux; une lueur rouge se répandit dans l'horizon, est une colonne de flammes s'éleva vers la voûte des cieux, semblable à une bannière sanglante agitée par les vents. Bientôt le même signal fut répété sur vingt montagnes; car chaque poste était prêt, et la flamme de l'un servait d'avis pour l'autre. On les voyait s'allumer tour à tour comme ces astres qui se succèdent pendant la nuit. Ils brillèrent sur le rocher sourcilleux habité par l'aigle solitaire, et sur le monument pyramidal sous lequel reposent les cendres de vaillans chefs. Dunedin (1) vit ces feux sur le Soltra et sur le Law (2) de Dumpender, et tout le Lothian entendit l'ordre donné par le régent de se préparer à marcher vers les frontières.

XXX.

Pendant toute la nuit le bruit des armes retentit dans les murs de Branksome, et la cloche du château frappa les airs des sons lents et solennels du tocsin. Les pierres massives et les barres de fer étaient apportées dans les tours et les donjons, pour faire pleuvoir la mort sur les ennemis; les sentinelles répétaient sans cesse le mot

(1) Château d'Édimbourg. — (2) Montagne de forme conique. ÉD.

d'ordre; et les chiens, étonnés de ce bruit continuel, augmentaient le tumulte par leurs hurlemens.

XXXI.

Au milieu de tous ces embarras, la noble dame partageait les travaux de son vieux sénéchal, et parlait du danger en souriant. Elle enflammait le courage des jeunes chevaliers, et tenait conseil avec les guerriers plus âgés et plus prudens. On ne connaissait encore ni le nombre ni le projet des ennemis. Les uns disaient qu'ils étaient au nombre de dix mille; les autres prétendaient que ce n'étaient que les clans de Leven ou de Tynedale qui venaient lever le black-mail (1); Liddesdale, avec quelque peu d'aide, les repousserait aisément. Ce fut ainsi qu'on passa la nuit dans l'inquiétude, et l'on vit avec plaisir le lever de l'aurore.

Le ménestrel reprit haleine, et le cercle qui l'écoutait donna des éloges à ses chants. On regretta qu'à un âge si avancé, quand il aurait eu besoin de quelque appui, il eût à faire en ce monde un pèlerinage si pénible. N'avait-il pas d'amis, pas de fille chérie pour partager et adoucir ses travaux; pas de fils pour être le soutien de son père, et pour le guider dans les sentiers épineux de la vie? Il en eut un, mais il n'existait plus. Il pencha la tête sur sa harpe; sa main en parcourut tour à tour les cordes pour arrêter la larme qui voulait s'échapper de ses yeux, et la douleur paternelle se trahit par un prélude lent et solennel.

(1) On appelait ainsi le tribut qu'on payait aux maraudeurs pour se racheter de leurs dévastations. — Éd.

FIN DU CHANT TROISIÈME.

LE LAI

DU

DERNIER MÉNESTREL.

CHANT QUATRIÈME.

I.

Aimable Teviot, les feux, signaux de la guerre, ne brillent plus sur tes flots argentés; tes rives, qu'ombragent les saules, ne voient plus de fiers guerriers couverts d'airain; dans les prairies, dans les vallées où tu serpentes, tout est paisible et calme; comme si tes eaux, depuis la naissance du temps, depuis le jour où elles furent pour la première fois joindre celles de la Tweed, n'avaient entendu que le chalumeau du berger, n'avaient jamais été épouvantées des sons guerriers du clairon.

II.

Il n'en est pas ainsi de la vie humaine. C'est un fleuve dont le cours varie sans cesse, mais condamné à couserver le souvenir des malheurs et des crimes qu'il a vus près de sa source, et dont les eaux se grossissent toujours des pleurs du passé et de ceux du présent. Quoique son courant rapide m'ait déjà entraîné bien loin, il réfléchit encore pour ma mémoire l'instant où mon brave fils, mon fils unique, périt aux côtés du grand Dundee (1). Pourquoi, lorsque les balles des mousquets vinrent frapper la lame sanglante du montagnard, pourquoi n'ai-je pas succombé avec lui? Ah! du moins il reçut la mort des héros; il périt avec le vaillant Grœme!.... (2).

III.

La terreur parcourait au loin toutes les montagnes et toutes les vallées des frontières. Le paysan abandonnait son humble cabane pour fuir dans des marécages inaccessibles, ou se réfugier dans des cavernes. Les troupeaux effrayés n'avaient d'autre abri qu'une tente grossière; les jeunes filles et les mères fondaient en larmes, en voyant le fer étinceler dans la main des guerriers. Du haut de la tour de Branksome la sentinelle pouvait apercevoir dans le lointain d'épais nuages de fumée obscurcir les rayons du soleil levant; ils annonçaient les premières dévastations des Anglais.

IV.

Tout à coup la sentinelle vigilante s'écrie : — Préparez vos armes, et apprêtez-vous à voir couler le sang! Wat Tinlinn, des bords du Liddel, vient de passer à gué la rivière. Bien des fois les maraudeurs du Tynedale ont essayé de forcer la porte de sa demeure solitaire.

(1) Claverhouse. — Éᴅ.
(2) Autre nom de Claverhouse. James Grœme de Claverhouse, vicomte de Dundee. — Éᴅ.

L'été dernier ils l'ont assiégée pendant toute une nuit ; mais ils partirent aux premiers rayons du jour, car ils savaient bien que ses flèches ne manquaient jamais leur but. Le tonnerre a dû gronder bien fort pour le faire sortir de sa tour de Liddel, et je suis tenté de croire que nos ennemis sont commandés par le gouverneur des frontières anglaises en personne.

v.

Il parlait encore quand l'audacieux archer passa sous les voûtes retentissantes du château. Il guidait un petit cheval à longue crinière qui courait comme un cerf à travers les marais et les fondrières, portant la femme et les deux enfans de Tinlinn, dont un serf à demi vêtu composait toute la suite : sa femme robuste, aux sourcils noirs, au visage rubicond, fière de ses colliers et de ses bracelets d'argent, souriait à ses amis en traversant la foule. Tinlinn était maigre et élancé, mais de la plus haute taille. Il portait un morion bossué, et une jaquette de cuir flottait négligemment sur ses épaules. Il avait une hache ; sa lance, longue de six verges d'Écosse, semblait teinte d'un sang nouvellement répandu, et sa vaillante épouse était chargée de son arc et de ses flèches.

vi.

Il donna en ces termes des nouvelles de l'ennemi à la dame de Branksome : — William Howard marche contre nous, il est accompagné du bouillant lord Dacre ; une troupe nombreuse de lances et des arquebusiers allemands, qui étaient en quartier à Askerten, ont traversé le Liddel comme on sonnait le couvre-feu, et ont incendié ma petite tour. Puisse le démon les en récompenser ! Il y avait plus d'un an qu'elle n'avait été brûlée.

L'incendie de ma grange et de ma demeure a éclairé ma fuite, mais j'ai été poursuivi toute la nuit; John d'Akeshaw et Fergus Grœme m'ont suivi de près, mais je leur ai fait face à Priesthaugh Scragg; j'ai tué leurs chevaux dans les marécages, et j'ai percé Fergus d'un coup de lance. Je lui gardais rancune pour m'avoir enlevé mes vaches le carnaval dernier (1).

VII.

Des cavaliers hors d'haleine, venant de Liddesdale, confirmèrent ce récit. Autant qu'ils pouvaient en juger, on verrait paraître dans trois heures sur les rives du Teviot trois mille Anglais en armes. Cependant de nouvelles troupes arrivaient de Teviot, d'Aill et des bois d'Ettrick, pour prendre la défense de leur chef. Partout on sellait les chevaux : les bruyères et les vallées étaient couvertes de cavaliers, et celui qui partait le dernier pour le rendez-vous essuyait les reproches ironiques de sa dame.

VIII.

Des hauteurs arides de Games-Cleugh, dont la base est baignée par les eaux argentées du lac de Sainte-Marie, l'intrépide Thirlestane rassemble ses braves lances autour d'une bannière brillante. La fleur de lis orne son écusson, depuis que le roi Jacques, campé sur les bords couverts de mousse du Fala, lui accorda cette distinction honorable, par reconnaissance pour sa fidélité pendant les dissensions intestines, alors qu'aucun des opiniâtres barons écossais, excepté le seul Thirlestane, ne voulut marcher contre les Anglais. C'est depuis qu'on voit dans ses armoiries un faisceau de lances,

---

(1) *Festern's even*, le dernier mardi gras. — ÉD.

glorieux souvenir : — Prêt, toujours prêt au combat, — telle est sa noble devise.

IX.

Un vieux chevalier endurci aux dangers conduit une bande nombreuse de maraudeurs. Les étoiles et le croissant brillent sur son bouclier, dans une bande d'azur sur un champ d'or. Ses domaines s'étendent au loin autour du château d'Oakwood et de celui d'Ower. Sa demeure est située au fond d'un bois, dans une sombre vallée, près du torrent de Borthwick. C'est là que les troupeaux enlevés sur les Anglais sont pour ses soldats audacieux une nourriture achetée par mille périls et au prix de leur sang. Chef de maraudeurs, son unique plaisir est de faire une excursion nocturne, et de livrer le combat au point du jour.

Même dans sa jeunesse les charmes de la fleur d'Yarrow (1) n'avaient pu dompter son humeur guerrière; sa vieillesse trouvait encore le repos insupportable, et le casque couvrait ses cheveux aussi blancs que la neige de Dinlay. Cinq jeunes guerriers marchaient, le glaive à la main, à la tête des soldats de leur père. Jamais chevalier plus brave que le seigneur de Harden n'avait ceint l'épée.

X.

Les Scotts d'Eskdale, troupe intrépide, descendirent en foule du Todshaw-Hill. Ils avaient conquis leurs domaines le fer à la main, et c'était le fer à la main qu'ils les conservaient. — Écoutez, noble dame, comment vos aïeux sont devenus maîtres de la belle vallée d'Eskdale. Le comte Morton en était seigneur, et les

(1) Nom poétique de Marie Scott, épouse de Walter Scott de Harden. — Éd.

Beattisons étaient ses vassaux. Le comte était d'une humeur douce et pacifique, et ses vassaux, fiers et belliqueux, ne respectaient guère un seigneur ami de la paix. Le comte alla un jour à Eskdale pour s'y faire rendre foi et hommage, et s'adressant à Gilbert Gaillard : — Paie ton *hériot* (1), lui dit-il, et donne-moi ton meilleur coursier, comme c'est le devoir d'un vassal. — Mon coursier blanc m'est précieux, répondit Gilbert, il m'a tiré d'embarras plus d'une fois, et tout lord et comte que vous êtes, il est mieux entre mes mains que dans les vôtres. — Le comte en insistant aigrit tellement l'humeur indomptable du Beattison, que, s'il n'avait pris la fuite, les vassaux auraient tué leur seigneur. Il n'épargna ni le fouet ni l'éperon, et pressa tellement son coursier à travers les gras pâturages d'Eskdale, qu'il tomba épuisé de fatigue sur le seuil de la porte de Branksome.

XI.

Le comte était courroucé et avait soif de vengeance. — Fais passer ces traîtres sous ton joug, dit-il au lord de Branksome, je t'abandonne tout le domaine d'Eskdale pour une paire de faucons et une bourse d'or. Malheur à toi, si tu laisses dans toute la vallée un pouce de terre à un seul homme du clan des Beattisons ! n'épargne que Woodkerrick, qui m'a donné son cheval pour fuir. L'intrépide Branksome accepte cette offre avec joie, il jette au comte une bourse pleine d'or, et part pour Eskdale à la tête de cinq cents cavaliers. Il les laisse derrière la montagne, et va seul dans la vallée trouver Gilbert et ses compagnons. — Reconnais-moi pour ton chef et ton seigneur suzerain, lui dit-il, et ne

(1) Voyez la note 10. — ÉD.

crois pas me traiter comme le pacifique Morton, car les Scotts ne craignent personne le fer à la main. Acquitte-toi, sans murmurer, de l'heriot que tu me dois; donne-moi ton cheval blanc, ou tu t'en repentiras. Si je sonne trois fois du cor, ce son retentira long-temps aux oreilles des habitans d'Eskdale.

XII.

Le Beattison répondit par un sourire méprisant : — Ton cor ne nous inspire pas de crainte, et jamais Gilbert ne cèdera son coursier blanc à un Scott orgueilleux. Retourne à pied à Branksome avec tes éperons rouillés et tes bottes couvertes de boue. — Branksome à ces mots sonna du cor avec tant de force que le daim épouvanté en tressaillit jusqu'à Craig-Cross : il en sonna une seconde fois, et l'on commença à voir briller des lances à travers le brouillard qui couvrait la montagne : à la troisième fois, ce son redoutable parvint jusqu'aux rochers de Pentoun-Linn, et fut répété par leurs échos. Ses vassaux arrivèrent en un instant, et vous auriez vu alors une mêlée terrible. Que de cavaliers désarçonnés ! que de lances rompues ! Chaque parole insultante qu'avait prononcée Gilbert coûta la vie à un Beattison. Le chef lui-même tira son épée, et en perça l'orgueilleux Galliard. L'endroit où son sang teignit la terre se nomme encore la sépulture de Gilbert. Le clan des Beattisons fut détruit par les Scotts, et un seul d'entre eux conserva ses domaines. Ce fut ainsi que le cheval blanc fit changer de maître à toute la vallée que forme l'Esk depuis sa source jusqu'à son embouchure.

XIII.

Après les Scotts on vit arriver Headshaw, Whitslade, urnommé le Faucon, et plus de guerriers que je n'en pourrais nommer, depuis Yarrow-Cleugh jusqu'à Hind-haugh-Swair, depuis Woodhouselie jusqu'à Chester-glen, fantassins et cavaliers armés d'arcs et de lances. Leur mot de ralliement était Bellenden, et jamais la frontière n'avait envoyé des troupes plus braves, soit pour assiéger une place, soit pour la secourir. La noble dame sentit son cœur s'enfler d'orgueil en voyant les secours qui lui arrivaient. Elle ordonna qu'on fit venir son fils, afin qu'il apprît à connaître les amis de son père, et à faire face à ses ennemis. — L'enfant est mûr pour la guerre, je l'ai vu bander un arc, j'ai vu sa flèche fidèle frapper un nid de corbeau sur le rocher. La croix rouge placée sur la poitrine de l'Anglais est plus large que le nid du corbeau : Whitslade, tu lui apprendras à manier les armes, et tu le couvriras du bouclier de son père.

XIV.

Comme vous pouvez bien le croire, le rusé page ne se souciait pas de paraître devant l'habile dame. Il feignit une frayeur enfantine, poussa des cris, versa des larmes, et se livra aux plaintes et aux gémissemens. On vint dire à la châtelaine qu'il fallait que quelque fée eût jeté un charme sur cet enfant naguère si fier et si hardi. La noble dame rougit de honte : — Qu'il s'éloigne avant que son clan soit témoin de sa faiblesse. Wat Tinlinn, tu seras son guide. Conduis ce rejeton dégénéré à Buccleuch, sur les bords solitaires du Rangleburn. Il faut que quelque mauvais génie ait maudit notre race, pour qu'un lâche ait reçu le jour de moi.

XV.

Wat Tinlinn avait reçu une commission pénible en se chargeant de conduire l'héritier supposé de Brank-

CHANT QUATRIÈME.

some. Dès que le palefroi sentit le poids du nain malfaisant, il devint rétif, rua, se cabra, et refusa d'obéir aux rênes. Ce ne fut pas sans peine que Wat Tinlinn parvint à lui faire faire un mille d'Écosse. Mais, comme ils traversaient un ruisseau peu profond, le page reprit tout à coup sa première forme, par une métamorphose semblable à celle des figures fantastiques que nos songes nous présentent. — Perdu! perdu! perdu! s'écria-t-il en prenant la fuite; et il riait en courant avec vitesse; mais la flèche de Wat Tinlinn, plus prompte que le nain, lui perça l'épaule. La mort n'avait pas de droits sur le nain : sa blessure se guérit en un instant, mais la douleur lui arracha un grand cri. Wat Tinlinn, l'œil effaré, retourna au château de Branksome.

XVI.

Il est déjà sur le sommet de la hauteur qui domine sur les tours et sur les bois de Branksome; un bruit lointain de guerre annonce l'arrivée des Anglais; les sons de la cornemuse des frontières et du cor martial se confondent dans la profondeur de la forêt. Il entend le hennissement des chevaux et les pas mesurés des soldats, que couvrait quelquefois le bruit éclatant des tymbales d'Almayn. Bientôt au-dessus du taillis il voit s'élever des bannières écarlates; et les casques, les lances, les boucliers brillent à travers les buissons d'aubépine.

XVII.

Les fourrageurs, troupe légère, montés sur d'habiles coursiers, courent en avant pour reconnaître le terrain. Derrière eux, en rangs serrés, les archers de Kendal, en uniforme vert, sortent du bois au son du cor. A leur suite, et pour les soutenir, s'avancent les soldats de lord Dacre, armés de haches, race endurcie, née sur les bords de l'Irthing. Portant la ceinture blanche et la croix rouge, ils suivent la bannière qui avait flotté sur les murs d'Acre; et tandis qu'ils s'avançaient en bon ordre, des ménestrels chantaient l'air : — *Le noble lord Dacre habite les frontières.*

XVIII.

Après les soldats anglais armés d'arcs et de haches, marchait d'un pas ferme et mesuré un corps de mercenaires. Ils combattaient sous les ordres de Conrad de Wolfenstein, qui les avait amenés des rives lointaines du Rhin, et qui vendait leur sang à prix d'argent. Ils n'avaient point de patrie, ne reconnaissant pas de maître, n'avaient d'autre habitation qu'un camp, d'autre loi que leur sabre. Ils n'étaient pas armés comme les enfans de l'Angleterre, car ils portaient des mousquets lançant la foudre; une poire à poudre était suspendue à leur écharpe, et ils étaient couverts d'un justaucorps de buffle froncé et brodé. Leur genou droit était nu, pour qu'ils pussent plus facilement monter à l'escalade. En marchant, ils répétaient dans leur langue barbare des chants de guerre teutoniques.

XIX.

Mais le bruit augmente, et les chants des ménestrels s'élèvent. Lord Howard, à la tête de ses chevaliers, fait sortir du bois l'arrière-garde, composée de ses hommes d'armes, armés du glaive et de la lance. C'était parmi eux qu'on voyait maint jeune chevalier brûlant du désir de gagner ses éperons, et portant sur le cimier de son casque un ruban ou un gant, souvenir précieux de sa dame. Ils marchaient ainsi en bon ordre; et, déployant ensuite leurs lignes, ils firent halte, et s'écrièrent : — Saint Georges et l'Angleterre.

XX.

Les Anglais fixent les yeux sur le château de Branksome. Ils en étaient si près, qu'ils pouvaient entendre bander les arcs. Sur les bastions et sur les remparts on voyait briller les haches, les lances et les pertuisanes; des fauconneaux et des coulevrines s'apprêtaient à lancer du haut des tours leur grêle meurtrière; l'éclat des armes perçait les noirs tourbillons de fumée qui sortaient des fournaises où l'on faisait bouillir la poix et fondre le plomb, et semblables à la chaudière d'une sorcière. Tout à coup le pont-levis s'abaisse, le guichet s'ouvre, et l'on voit sortir le vieux sénéchal.

XXI.

Il est armé de toutes pièces, mais sans casque; sa barbe blanche flotte sur sa cuirasse; l'âge n'a pas courbé sa taille. Ferme sur ses arçons, il guide un coursier plein d'ardeur, tantôt modérant son feu, tantôt lui faisant faire des courbettes et des caracoles. Il tient de la main droite une baguette de saule, dépouillée de son écorce, en signe de trève: son écuyer qui le suit porte un gantelet au haut d'une lance. Dès que lord Howard et lord Dacre le voient sortir des murs, ils courent en avant de leur armée, pour savoir ce que le vieux sénéchal vient leur annoncer.

XXII.

— Lords anglais, lady Buccleuch vous demande pourquoi, au mépris de la paix qui règne entre les deux frontières, vous osez entrer à main armée sur les terres d'Écosse, avec vos archers de Kendal, vos hommes d'armes de Gilsland, et vos bandes mercenaires? Ma maîtresse vous engage à faire une prompte retraite, et si vous brûlez un seul fétu de paille, si vous effrayez une seule des hirondelles qui ont fait leurs nids sur nos tours, par sainte Marie! nous allumerons une torche qui chauffera vos foyers dans le Cumberland.

XXIII.

Les yeux de lord Dacre étincelaient de courroux; Howard, plus calme, prit la parole : — Si ta maîtresse, sire sénéchal, veut s'avancer sur les murailles extérieures du château, notre poursuivant d'armes lui apprendra pourquoi nous sommes venus, et à quelles conditions nous nous retirerons.

Un messager partit, et la noble dame se rendit sur les murs, entourée de ses chefs, qui, appuyés sur leur lance, attendaient l'arrivée du poursuivant. Il parut bientôt, revêtu des couleurs de lord Howard; le lion d'argent brillait sur sa poitrine; il conduisait un enfant par la main. Quel spectacle pour les yeux d'une mère! c'était l'héritier du grand Buccleuch. Le héraut fit son salut, et annonça en ces termes les volontés de son maître.

XXIV.

— C'est à regret, puissante dame, que mes nobles seigneurs tirent l'épée contre une belle dame; mais ils ne peuvent souffrir plus long-temps que toutes nos frontières du côté de l'occident soient pillées et ravagées par votre clan, au mépris de toutes les lois; il ne convient ni à votre naissance ni à votre rang d'ouvrir dans votre château un asile pour les proscrits. Nous réclamons de vous William Deloraine, afin qu'il subisse le châtiment de ses méfaits. Cette année encore, la veille de saint Cuthbert, il est venu à Stapleton, sur le Leven, piller les terres de Richard Musgrave, dont il a égorgé le frère. Puisqu'une châtelaine privée de son époux ne peut réprimer ces audacieux maraudeurs, recevez dans votre château deux cents hommes d'armes de mon maître, sinon il va faire sonner la charge et donner l'assaut à votre garnison, et ce bel enfant sera conduit à Londres, pour être page du roi Édouard.

XXV.

Il se tut, et l'enfant se mit à pleurer en étendant ses faibles bras vers les murailles ; il implorait le secours de tous ceux qu'il reconnaissait, et semblait vouloir embrasser sa mère. Les joues de la noble dame perdirent leurs couleurs, et une larme se glissa, malgré elle, entre ses paupières. Elle jeta les yeux sur les guerriers qui l'entouraient, et qui fronçaient le sourcil d'un air sombre ; puis, étouffant les soupirs qui cherchaient à s'échapper de son sein, elle reprit son sang-froid, et répondit avec calme :

XXVI.

— Dis à tes vaillans maîtres qui font la guerre aux femmes et aux enfans, que William Deloraine se justifiera par le serment (1), ou acceptera le combat contre Musgrave pour laver son honneur. Nul chevalier du Cumberland ne peut prétendre à un plus haut lignage, et il reçut de Douglas l'ordre de la chevalerie quand le sang anglais grossit les eaux de l'Ancram : lord Dacre le lui aurait vu conférer lui-même, sans la vitesse du coursier sur lequel il fuyait. Quant au jeune héritier de la maison de Branksome, que Dieu lui soit en aide, ainsi qu'à moi ! Je ne sacrifierai aucun de mes amis ; aucun de mes ennemis ne mettra le pied dans mon château, tant que je vivrai. Si donc tes maîtres persistent

(1) Voyez la note 14.

dans leur dessein, dis-leur que nous les défions hautement et hardiment; notre slogan sera leur chant de mort; le fossé qui entoure nos murs, leur sépulture.

XXVII.

Elle regarda autour d'elle avec fierté pour jouir de l'approbation des siens. Des éclairs de feu partirent des yeux de Thirlestane, Wat de Harden sonna du cor, on vit les étendards et les bannières se déployer de toutes parts, et l'on entendit retentir jusqu'au ciel ce cri de guerre : — Sainte Marie et le jeune Buccleuch ! — Les Anglais y répondirent par le leur, et mirent leurs lances en arrêt; les archers de Kendal firent un pas en avant et bandèrent leur arc; les ménestrels entonnèrent des chants de gloire; mais avant qu'une seule flèche eût été décochée, un cavalier arriva au galop de l'arrière-garde.

XXVIII.

— Ah ! nobles lords, dit-il hors d'haleine, quelle trahison a fait découvrir votre marche? A quoi songez-vous d'assiéger ces murs, quand vous êtes si loin de tout secours? Vos ennemis triomphent et s'imaginent avoir pris le lion dans leurs filets. Déjà Douglas a convoqué le ban de ses vassaux au pied du sombre Ruberslaw, et leurs lances couvrent la plaine comme les nombreux épis des moissons. Sur la rive septentrionale du Liddel, lord Maxwell range ses braves hommes d'armes sous les bannières de l'aigle et de la croix, pour vous couper la retraite du côté du Cumberland; les vallées de Jedwood, d'Esk et de Teviot prennent les armes à la voix du fier Angus, et les Merses et les Lauderdales suivent les drapeaux du vaillant Home. Exilé du Northumberland, j'ai long-temps erré dans le Liddesdale, mais mon cœur est toujours pour l'Angleterre ; j'ai frémi à la vue des dangers qui menacent mes compatriotes, et j'ai couru toute la nuit pour venir vous annoncer quelles forces se rassemblent contre vous.

XXIX.

— Qu'elles viennent ! s'écria l'impétueux Dacre ; ce cimier, l'orgueil de mon père, qui a flotté sur les rivages de la mer de Judée, qu'ont agité les vents de la Palestine, sera planté sur les plus hautes tours de Branksome, avant l'arrivée de ce secours tardif. Que la flèche parte, que les traits sifflent dans les airs, que la hache sape les murailles ; braves gens, criez tous : — Dacre et l'Angleterre ! — vaincre ou périr !

XXX.

— Écoutez-moi, dit Howard, écoutez-moi avec calme, et ne croyez pas que la crainte dicte mes paroles, car qui a jamais vu le lion blanc reculer sur le champ de bataille ou dans la mêlée ? Mais risquer ainsi l'élite de nos frontières contre toutes les forces d'un royaume, vouloir que nos trois mille hommes combattent dix mille Écossais, ce serait un acte de folie et de témérité. Acceptons les conditions de la noble dame, et que Musgrave se mesure avec Deloraine en combat singulier. S'il triomphe, nous profiterons de sa victoire ; s'il est vaincu, nous n'aurons perdu qu'un guerrier, et notre armée évitera la défaite, la mort et la honte.

XXXI.

L'orgueilleux Dacre ne goûta point l'avis prudent de son frère d'armes ; il y céda toutefois d'un air sombre et mécontent. Mais les frontières ne virent plus ces deux chefs s'allier pour une expédition, et ce léger sujet de discorde fit plus tard répandre bien du sang.

XXXII.

Le poursuivant d'armes s'avança de nouveau vers le château. Un trompette demanda un pourparler, et les chefs écossais parurent sur les murailles. Alors le héraut, au nom de Musgrave, défia Deloraine en combat singulier; il jeta un gantelet, et proposa en ces termes les conditions du combat : — Si l'épée du vaillant Musgrave triomphe du chevalier Deloraine, votre jeune chef, l'héritier de Branksome, restera en otage pour son clan. Si Deloraine est vainqueur du vaillant Musgrave, l'enfant vous sera rendu ; mais quoi qu'il arrive, l'armée anglaise, sans inquiéter les Écossais et sans être inquiétée, rentrera paisiblement dans le Cumberland.

XXXIII.

Les chefs écossais, quoique pleins de bravoure et de loyauté, pensèrent qu'on devait accepter cette proposition. Ils ignoraient le secours qu'on leur préparait, et, d'après le sac récent de Jedwood, ils savaient que les soldats du régent n'arrivaient jamais qu'avec lenteur. La noble dame n'était pas du même avis, mais elle n'osait avouer que son art secret, cet art qu'elle ne pouvait nommer, lui faisait connaître qu'on marchait en ce moment à son aide. La trève fut donc conclue, et l'on convint que le combat aurait lieu le lendemain, en champ clos, dans une prairie voisine, à la quatrième heure après le lever de l'aurore ; que les champions combattraient à pied avec la dague écossaise, et que Deloraine, ou quelque autre chef, si sa blessure ne lui permettait pas de porter les armes, soutiendrait sa cause et celle de son jeune seigneur contre le vaillant Musgrave.

XXXIV.

Je sais fort bien que plus d'un ménestrel dit dans ses chants que les deux champions combattirent sur des coursiers écumans, armés d'une épée dont ils devaient se servir après avoir rompu leurs lances ; mais le barde habile qui fut mon maître m'apprit tous les détails de cet événement comme je les rapporte. Il connaissait toutes les clauses des lois et ordonnances sur les combats, portées par lord Archibald-le-Noir, et recueillies du temps du vieux Douglas. Il ne pouvait souffrir qu'une langue téméraire accusât ses chants de mensonge ou d'inexactitude, et il donna la mort au barde de Reull, qui dans un festin avait blessé sa fierté par un pareil reproche. Ils combattirent sur les bords du Teviot, et leurs mains, habituées à pincer la harpe, furent teintes de sang. On voit encore fleurir l'épine blanche qu'il planta sur la tombe de son rival, en souvenir de sa victoire.

XXXV.

Pourquoi parlerais-je du sort cruel qui entraîna mon maître dans le tombeau ? Les jeunes filles d'Ousenam s'arrachèrent les cheveux, et versèrent tant de larmes qu'elles en perdirent la vue, pour l'amour du barde qui mourut à Jedwood. Il mourut ; ses élèves l'ont suivi l'un après l'autre dans la tombe silencieuse ; moi seul, hélas ! je leur survis, pour me rappeler mes anciens rivaux, pour regretter de ne plus entendre leurs chants que je n'écoutais qu'avec envie ; l'envie qu'ils m'inspiraient s'est éteinte avec eux.

Le vieux ménestrel fit une pause, et les dames l'applaudirent de nouveau. Leurs éloges étaient en partie sincères, et en partie dictés par la compassion. La duchesse s'étonna que ses chants pussent si bien retracer des faits si anciens et des combats dont le souvenir n'existait plus. Comment pouvait-il célébrer des forêts que la hache avait renversées, des tours dont les ruines servaient de retraite aux animaux sauvages, des mœurs si étranges, des chefs qui sommeillaient sous la pierre funéraire depuis tant de siècles, quand déjà la renommée avait effacé leurs noms des murs de son temple, et couronné la tête d'un nouveau favori de ces lauriers acquis au prix de leur sang? N'était-il pas surprenant que les vers de ce vieillard eussent le pouvoir de les évoquer de la nuit des tombeaux?

Le ménestrel sourit de plaisir, car jamais la flatterie n'est perdue pour l'oreille du poète. Race pleine de simplicité! Pour récompense de tous leurs travaux, ils ne demandent que le vain tribut d'un sourire; c'est un souffle puissant qui ranime leur ardeur quand l'âge vient l'éteindre. Leur imagination se réveille à la voix de la louange, et s'efforce d'entretenir sa flamme mourante.

Le vieillard sourit donc d'un air satisfait, et continua ses chants en ces termes.

FIN DU CHANT QUATRIÈME.

LE LAI
DU
DERNIER MÉNESTREL.

CHANT CINQUIÈME.

I.

Non, ils ne se trompent pas ceux qui disent que quand le poète cesse d'exister, la nature muette porte le deuil de son interprète et célèbre ses funérailles; le rocher qui perce la nue, la caverne solitaire, gémissent sur l'absence du barde; les montagnes pleurent en ruisseaux de cristal; les fleurs répandent les larmes d'une rosée embaumée, les vents soupirent à travers les bosquets qu'il a chéris; les chênes y répondent par de sourds gémissemens, et les fleuves apprennent à leurs ondes à murmurer un chant funèbre autour de sa tombe.

II.

Ce n'est pas que ces êtres inanimés puissent réellement gémir sur l'urne d'un mortel; mais les ondes, les bois, les vents, ont une voix qui s'unit aux regrets plaintifs de ceux qui n'échappaient à l'oubli que par les chants fidèles du poète, et dont la mémoire va s'évanouir une seconde fois avec son dernier soupir. L'ombre pâle de la jeune fille qui déplore l'oubli où va être enseveli l'amour, le véritable amour, fait tomber les larmes de la rose et de l'aubépine sur le cercueil du ménestrel. Le fantôme du chevalier qui voit sa gloire s'éclipser sur la plaine qu'il a couverte de morts monte sur le vent des ouragans, et fait retentir de ses cris le champ de bataille. Du haut des nuages qui lui servent de trône, le chef, dont l'antique couronne féodale brilla long-temps dans les vers du poète, voit, dans les domaines qui lui appartenaient autrefois, ses cendres reposer sans distinction; son rang, son pouvoir, sa mémoire même se perdent dans l'obscurité des âges; ses gémissemens remplissent les cavernes solitaires, et dans sa douleur ses larmes grossissent le cours des ruisseaux; tous regrettent que la harpe brisée du ménestrel ne chante plus leurs louanges, ne fasse plus entendre leur nom.

III.

A peine avait-on arrêté les soldats prêts à donner l'assaut; à peine était-on convenu des conditions de la trève, qu'on aperçut du haut des tours de Branksome une troupe nombreuse de guerriers qui s'avançaient pour secourir le château. D'épais nuages de poussière s'élevaient dans le lointain; on entendait le bruit sourd de la marche des chevaux; un rayon de soleil faisait briller de temps en temps les lances qui s'élevaient au-dessus des rangs; et les bannières féodales déployées désignaient les chefs qui arrivaient au secours de Branksome.

CHANT CINQUIÈME.

IV.

Je n'ai pas besoin de nommer chacun des braves clans qui venaient du centre des frontières. Le Cœur sanglant brillait à l'avant-garde et annonçait Douglas, nom redouté. Je n'ai pas besoin de dire quels nobles coursiers hennirent, quand les sept lances de Wedderburne (1) rangèrent leurs soldats en ordre de bataille, et que Swinton tint en main cette arme redoutable qui avait autrefois humilié la tête superbe de Clarence Plantagenet; et à quoi bon parler de cent autres braves chevaliers venant de Lammermoor, du riche Merse (2) et des belles rives de la Tweed, sous les bannières réunies d'Hepburn et du vieux Dunbar? on voyait étinceler leurs armes, tandis qu'ils descendaient la montagne, en criant : — Home! Home!

V.

La noble dame de Branksome, remplie de courtoisie, fit partir de la tour des chevaliers et des écuyers, pour remercier ces vaillans chefs du secours prompt et puissant qu'ils lui apportaient; pour les informer qu'une trève avait été conclue, et qu'un combat devait avoir lieu entre Musgrave et le brave Deloraine; elle les fit inviter à y assister, et à accepter l'hospitalité dans son château. Mais en faisant bon accueil à ses compatriotes, elle n'oublia pas les lords anglais. Le vieux sénéchal alla lui-même les engager de sa part, de la manière la plus civile, à se rendre à Branksome. Howard, que nul chevalier ne surpassait en bravoure pendant la guerre,

---

(1) Voyez la note 1. — Éd.
(2) Comté de Berwick. — Éd.

ni en courtoisie pendant la paix, accepta cette invitation sans hésiter; mais Dacre courroucé préféra se reposer sous sa tente.

VI.

Maintenant, noble dame, vous me demanderez peut-être comment les deux armées ennemies se réunirent : vous pensez que ce n'était pas une tâche facile que de maintenir la trève entre ces cœurs guerriers, ces ames de feu, qui ne respiraient que la colère, le sang et la mort. Une haine héréditaire, l'esprit national, des guerres habituelles divisaient les chefs qui se rencontrèrent sur les rives du Teviot; et cependant, sans se menacer, sans froncer le sourcil, ils s'abordèrent comme des frères qui se retrouvent dans un pays étranger. Les mains qui naguère tenaient la lance, et couvertes encore du gantelet de fer, se cherchèrent avec franchise. Les visières des casques se levèrent et bien des amis se reconnurent dans les rangs opposés. — Les uns se livrent aux plaisirs de la table, les autres, poussant des cris joyeux, s'exercent à différens jeux, et la boule, les dés, les dames et le ballon les aident à passer la journée.

VII.

Si pourtant le cor avait fait entendre le signal de la guerre, ces guerriers confondus avec tant de franchise, ces mains qui se pressaient avec tant de cordialité, auraient ensanglanté la terre. Les rives du Teviot, au lieu de retentir de cris de joie, n'auraient plus entendu que le cri terrible de la guerre et les gémissemens de la mort : les *whingers* (1), employés dans le festin à un usage pacifique, auraient versé le sang des convives. Ce

---

(1) Espèce de poignard qui servait aussi de couteau à table.—Éd.

passage soudain de la paix à la guerre n'était autrefois ni rare ni regardé comme étrange sur les frontières. Cependant tout était en paix dans le château de Branksome et dans les environs quand le dernier rayon du soleil en couronna les créneaux.

VIII.

Les signes heureux d'une joie bruyante ne cessèrent pas avec le jour. Bientôt on vit sortir des hautes fenêtres grillées de la grande salle de Branksome des rayons d'une clarté qui succédait à celle du soleil, et les lambris continuèrent à retentir des sons de la harpe et du choc des verres. Cependant dans toute la plaine, sur laquelle les ombres commençaient à se répandre, on entendait appeler et crier; chaque clan cherchait à réunir ses traîneurs en frappant leurs oreilles du mot de ralliement, tandis que ceux qui étaient encore à table portaient à haute voix des santés en l'honneur de Dacre ou de Douglas.

IX.

Tout ce bruit s'affaiblit peu à peu, et finit par mourir entièrement; et des hauteurs de Branksome on n'entendait plus que le murmure des ondes du Teviot, la voix de la sentinelle qui donnait le mot d'ordre quand on venait la relever de sa garde, et les coups pesans de la hache et du marteau, qui partaient de l'épaisseur du bois; car plus d'une main y travaillait à préparer des pieux et des palissades, pour former le champ clos du combat du lendemain.

X.

Marguerite quitta bientôt la salle, malgré le coup d'œil de reproche que lui lança sa mère; et elle ne remarqua pas, en s'éloignant, les soupirs qui s'échappaient en secret du sein de maint guerrier ; car plus d'un noble défenseur, plus d'un allié valeureux, aurait voulu intéresser le cœur de la fleur charmante du Teviot. Le cœur agité, l'esprit inquiet, elle ne goûta qu'un sommeil interrompu dans son appartement solitaire, et plus d'une fois elle se leva de sa couche entourée de rideaux de soie. Tandis que ses nobles hôtes reposaient encore, elle vit paraître l'aube du jour. De tous ceux qui goûtaient le repos dans Branksome, la beauté la plus aimable et la plus parfaite fut celle qui s'éveilla la première.

XI.

Elle jeta un regard sur la cour intérieure que les murs élevés de la tour enveloppaient encore de leur ombre ; dans cette cour, qui la veille avait retenti du bruit des armes et des hennissemens des coursiers, règne le plus profond silence. Mais quel est ce guerrier d'une taille imposante, et armé d'éperons brillans, qui s'avance soudain ?..... Il lève sa tête couronnée d'un panache. — Sainte Marie ! est-ce bien lui ? Il marche dans le château ennemi de Branksome sans plus de crainte que s'il était dans le domaine d'Ousenam ! Marguerite n'ose proférer une parole, elle n'ose faire un geste..... Si un seul page se réveille..... une mort prompte l'attend. Toutes les perles de la reine Marie, les larmes plus précieuses encore de Marguerite, ne pourraient racheter un seul de ses jours.

XII.

Cependant il ne courait guère de risque. Vous pouvez vous rappeler le charme du malicieux page ; il l'avait communiqué à son maître, qui, par la vertu de ce secret magique, paraissait un chevalier de l'Ermitage. Il passa pour tel aux yeux des gardes et des sentinelles, et personne ne songea à l'arrêter. Mais quel charme magique aurait été assez puissant pour le déguiser aux yeux de Marguerite? Elle se lève brusquement, tressaille de crainte et de surprise, et ces deux sentimens peuvent à peine maîtriser l'amour. Lord Henry est à ses pieds.

XIII.

Je me suis demandé bien des fois quel motif ce lutin malicieux pouvait avoir eu pour faciliter cette entrevue. L'amour heureux est un spectacle céleste, et un esprit de ténèbres n'y peut trouver aucun plaisir. Peut-être s'était-il imaginé que de cette passion devaient naître la honte et les regrets ; qu'elle causerait la mort du vaillant Cranstoun, le déshonneur et la perte de l'aimable Marguerite ; mais il ne lui était pas donné de connaître des cœurs si sincères. Le véritable amour est une vertu que Dieu n'a accordée dans ce monde qu'à l'homme seul. Ce n'est pas le feu brûlant du caprice qui ne brille que pour s'éteindre ; il ne doit pas sa naissance au désir, et ne meurt pas avec lui. C'est cette sympathie secrète, nœud de soie et d'or, qui unit le cœur au cœur et l'esprit à l'esprit. Mais laissons Marguerite avec son chevalier, et parlons du combat qui va se livrer.

XIV.

Les cors ont déjà donné le premier signal ; chaque clan est éveillé par le son des cornemuses. Tous les guerriers s'empressent de courir pour être témoins du combat ; ils entourent le champ clos, appuyés sur leurs lances, telles que les pins dépouillés de feuilles dans la forêt d'Ettrick. Tous ont les yeux fixés sur le château de Branksome pour en voir sortir les combattans, et chacun vante les prouesses de celui des champions que ses vœux favorisent.

XV.

Cependant la noble maîtresse du château n'était pas sans inquiétude, car une querelle s'était élevée entre Harden et Thirlestane, jaloux l'un et l'autre de combattre pour Deloraine. Chacun d'eux faisait valoir sa fortune, son rang, sa noblesse, déjà ils fronçaient les sourcils; mais ils furent bientôt d'accord, car tout à coup on vit paraître Deloraine lui-même, guéri de toute souffrance, paraissant avoir recouvré toute sa vigueur, armé de pied en cap, et réclamant le droit de soutenir lui-même sa querelle. La châtelaine s'applaudit de la vertu de son charme (1), et les deux fiers rivaux renoncèrent à leurs prétentions.

XVI.

En partant pour le champ clos, Howard tint les rênes de soie du palefroi de la noble dame, et marcha sans armes à son côté, lui parlant avec courtoisie de faits d'armes du temps passé. Il était richement vêtu : des dentelles de Flandre tombaient sur sa veste de peau de buffle doublée et bordée de soie; ses bottes de cuir jaune étaient armées d'éperons d'or; son manteau était de fourrure de Pologne, et son haut-de-chausses couvert d'une broderie en argent; son glaive de Bilbao, dont plus d'un maraudeur avait senti le tranchant, était suspendu à un large baudrier enrichi de pierres précieuses, et de là venait que sur toutes les frontières les habitans, dans leur style grossier, nommaient le noble Howard — William au Baudrier. —

(1) Voyez chant III, stance XXIII. — Éd.

CHANT CINQUIÈME.

XVII.

Derrière lord Howard et la noble dame était la belle Marguerite, montée sur son palefroi. Sa robe, qui flottait jusqu'à terre, était d'une blancheur éclatante, ainsi que sa guimpe et son voile; une guirlande de roses blanches enchaînait les tresses de ses blonds cheveux. Le comte Angus était près d'elle, et cherchait à l'égayer par une conversation agréable. Sans l'aide du chevalier, sa main eût cherché en vain à guider ses rênes brodées. Il crut qu'elle frémissait de la pensée d'un combat à outrance; mais une autre cause de terreur, que personne ne pouvait soupçonner, fit palpiter son sein quand elle se plaça auprès de sa mère sur les fauteuils couverts de soie cramoisie qui leur étaient destinés.

XVIII.

Prix du combat, le jeune Buccleuch était conduit par un chevalier anglais. A peine l'enfant songeait-il à la perte de sa liberté, tant il brûlait du désir de voir les champions en venir aux mains. Le fier Home et l'orgueilleux Dacre parcourent la lice à cheval, avec toute la pompe de la chevalerie, tenant en mains leurs baguettes d'acier, comme maréchaux du combat. Leurs soins assurèrent à chaque champion un même avantage de vent et de soleil. Les hérauts défendirent alors à haute voix, au nom du roi, de la reine et des maréchaux, que personne, sous peine de mort, tant que le combat durerait, osât donner aucune aide à l'un ou à l'autre champion, par regards, par gestes ou par paroles; on les écouta dans un profond silence, et les deux hérauts firent alternativement ces deux proclamations:

XIX.

LE HÉRAUT ANGLAIS.

— Voici Richard de Musgrave : vrai chevalier et de naissance libre, prêt à demander réparation des actes de violence et des dévastations insultantes commises par Deloraine. Il dit que William Deloraine est un traître, suivant les lois des frontières, et il le soutiendra les armes à la main. Que Dieu et sa bonne cause lui soient en aide!

XX.

LE HÉRAUT ÉCOSSAIS.

—Voici William Deloraine, vrai chevalier et de noble naissance. Il dit que jamais acte indigne de trahison n'a souillé son écu depuis qu'il porte les armes, et qu'avec l'aide de Dieu il le prouvera contre Musgrave qui en a lâchement menti par la gorge.

LORD DACRE.

— En avant, braves champions, le champ est ouvert: trompette, sonnez.

LORD HOME.

— Que Dieu défende le droit!

Rives du Teviot, combien vos échos retentirent, lorsqu'au son des cors et des trompettes, les deux ennemis pleins d'ardeur s'élancèrent l'un contre l'autre! le bouclier levé, l'œil attentif, et d'un pas mesuré, les voilà qui se rencontrent au milieu de la lice !

XXI.

Aimables dames qui m'écoutez, vos oreilles délicates frémiraient d'entendre comment les casques résonnèrent sous les coups de la hache pesante, comme le sang jaillit de mainte blessure, car le combat fut long et acharné, et chacun des guerriers était aussi vigoureux que brave. Mais, si j'adressais mes chants à des chevaliers, je pourrais entrer dans les détails du combat, car j'ai vu briller l'éclair de la guerre, j'ai vu la claymore se croiser avec la baïonnette, j'ai vu le fier coursier marcher dans des flots de sang, et refuser de faire un pas en arrière pour sauver sa vie.

XXII.

C'en est fait! c'en est fait! ce coup fatal l'a étendu sur la terre ensanglantée. Il cherche à se relever. Non, brave Musgrave, tu ne te relèveras plus. Le sang l'étouffe; que la main d'un ami détache son casque, et desserre l'agrafe de son hausse-col, pour qu'il puisse respirer plus librement. Soins inutiles! Hâtez-vous, saint frère, hâtez-vous, et avant que le pécheur expire, venez l'absoudre de toutes ses fautes, et aplanissez à son ame le chemin de la terre au ciel.

XXIII.

Le saint frère accourut en diligence. Ses pieds nus se teignirent de sang en traversant l'arène. Sourd aux cris de joie qui proclamaient le triomphe du vainqueur, il souleva la tête du guerrier mourant; sa barbe et ses cheveux blancs flottaient sur sa poitrine et ses épaules, tandis qu'il priait à genoux près de lui, et qu'il présentait le crucifix à ses yeux déjà couverts d'un nuage. — Il prête une oreille attentive à l'aveu de ses fautes, en soutenant sa tête ensanglantée; au moment de la séparation de l'ame et du corps, il lui prodigue des consolations spirituelles et lui inspire la confiance en Dieu. Mais le chevalier ne l'entend pas, l'agonie de la mort est passée; Richard de Musgrave ne respire plus.

XXIV.

Comme si le combat eût épuisé ses forces, ou qu'il eût réfléchi sur ce triste spectacle, le vainqueur reste immobile et silencieux. Il ne baisse pas la visière de son casque, il n'entend pas les cris de victoire qui s'élèvent dans les rangs des Écossais, il ne sent pas les mains qui s'empressent de venir serrer les siennes. Mais tout à coup des cris de surprise mêlée d'une sorte de terreur partent de toutes parts, et les rangs les plus serrés s'ouvrent à la hâte pour faire place à un homme pâle et à demi nu, qui accourt du château. Il saute par-dessus les barrières d'un seul bond, il promène autour de lui ses yeux hagards, comme un malade en délire. Chacun reconnaît William Deloraine. Les dames se lèvent de leurs sièges en tressaillant, et les deux maréchaux sautent à bas de leurs coursiers. — Qui es-tu donc, s'écrient-ils, toi qui as combattu et remporté la victoire? — Le vainqueur détache son casque : — Je suis Henry Cranstoun, répond-il, et voilà le prix pour lequel j'ai combattu. — A ces mots, prenant par la main le jeune Buccleuch, il le conduit à sa mère.

XXV.

Elle couvrit de baisers le fils qui lui était rendu, et le pressa long-temps sur son sein ; car malgré l'intrépidité qu'elle avait cherché à montrer, son cœur avait tremblé à chaque coup porté à son champion. Cependant elle ne daigna pas remercier lord Cranstoun, qui fléchissait un genou devant elle. Il n'est pas besoin de rapporter tout ce que dirent Douglas, Home et Howard, car Howard était un ennemi généreux, ni les prières que tout le clan adressa à la châtelaine pour qu'elle oubliât la haine qui avait divisé les deux familles, et daignât bénir l'hyménée du seigneur de Cranstoun avec la fleur du Teviot.

XXVI.

Elle jeta les yeux alternativement sur la rivière et sur la montagne, et se rappela les paroles prophétiques des deux esprits. Rompant enfin un silence jusqu'alors inflexible : — Ce n'est pas vous qui l'emportez, dit-elle, mais je cède à la destinée. Les astres peuvent verser une influence favorable sur les eaux du Teviot et sur la tour de Branksome, car l'orgueil est dompté et l'amour est libre (1). — Prenant alors la main de la belle Marguerite qui, éperdue et tremblante, pouvait à peine respirer et se soutenir, elle la mit dans celle du lord Cranstoun : — Que ce nœud d'amour, dit-elle, attache nos deux maisons l'une à l'autre, et soit le gage d'une fidélité réciproque et inviolable; c'est aujourd'hui le jour de vos fiançailles, et ces nobles lords voudront bien rester pour les honorer de leur présence.

XXVII.

En retournant au château, elle apprit de Cranstoun comment il avait combattu Deloraine; comment son page avait soustrait au chevalier blessé le livre merveilleux; comment il s'était introduit le matin dans le château, à l'aide d'une illusion magique; et comment le nain ayant dérobé l'armure du chevalier, tandis que celui-ci dormait, il avait paru dans la lice sous son nom. Mais il ne lui fit que la moitié du récit, et passa sur son entrevue avec Marguerite. La dame ne voulut pas faire paraître au grand jour les secrets de son art mystérieux, mais elle se promit de punir avant minuit l'audace de ce page étrange, de retirer le livre de ses

(1) Voyez chant I, stance XVII. — ÉD.

mains impures, et de le rendre à la tombe de Michel.

Je ne parlerai pas des discours pleins de tendresse de Marguerite et de son amant. Elle lui conta combien son sein avait été agité, et quelles craintes elle avait éprouvées pendant qu'il se mesurait contre Musgrave. Je ne vous peindrai pas leur bonheur; un jour, belles demoiselles, vous le goûterez à votre tour.

XXVIII.

William Deloraine, en s'éveillant d'un sommeil léthargique, avait appris par hasard qu'un autre chevalier couvert de ses armes et portant son bouclier, combattait en champ clos, sous son nom, contre le fier Musgrave. Il y courut aussitôt sans être armé, et sa présence répandit la terreur et la consternation, car on le prit pour son propre spectre (1), et non pour un homme vivant. Ce nouvel allié n'était guère de ses amis; mais quand il vit l'heureux résultat de cet événement, il le félicita de bon cœur et ne voulut pas réveiller une ancienne querelle; car, quoique grossier et peu courtois, son cœur ne nourrissait pas une haine implacable; et dans ses incursions il ne répandait le sang que lorsqu'il éprouvait de la résistance, ou, comme cela était juste, quand il s'agissait d'une guerre à mort. Jamais il ne conservait de ressentiment d'une blessure qu'un vaillant ennemi lui avait faite honorablement. Tel parut en effet William Deloraine, en jetant les yeux sur le corps de Musgrave. Son front trahit ses regrets mal déguisés par son air soucieux et sévère; il baissa la tête

---

(1) Une des superstitions écossaises les plus bizarres, est de croire que le spectre (*the wraith*) d'un homme vivant peut apparaître; ce qui annonce toujours quelque malheur. — Éd.

avec douleur, et célébra ainsi la gloire du vaincu :

XXIX.

— Te voilà donc sans vie, Richard Musgrave, mon mortel ennemi, devrais-je dire! car si le frère que tu chérissais a péri sous mes coups, tu m'avais privé du fils d'une sœur, et quand je fus plongé, pendant trois grands mois, dans un noir cachot du château de Naworth, jusqu'à ce que j'eusse payé une rançon de mille marcs d'argent, c'est à toi que j'en étais redevable. Si nous pouvions combattre aujourd'hui, si tu étais vivant comme moi, nul mortel ne pourrait nous séparer avant qu'un de nous ne restât sur l'arène. Et cependant la paix soit avec toi, car je sais que je ne trouverai jamais un plus noble ennemi. Dans tous nos comtés du nord, où le mot de ralliement est — la bride, l'éperon et la lance, — personne ne savait mieux que toi poursuivre son butin. C'était un plaisir, en se retournant, de te voir donner la chasse à ton ennemi, exciter les limiers féroces, et animer par les sons de ton cor les vassaux qui te suivaient. Je donnerais les terres de Deloraine, fier Musgrave, pour que tu vécusses encore!

XXX.

Il ne cessa de parler que lorsque la troupe de lord Dacre se prépara à rentrer dans le Cumberland. On releva le corps du brave Musgrave, on l'étendit sur son bouclier, qu'on plaça sur des lances, et quatre hommes, que d'autres relevaient à tour de rôle, se chargèrent de ce noble fardeau. Les vents portaient au loin les chants plaintifs des ménestrels. Quatre prêtres, en longues robes noires, suivaient le corps et récitaient des prières pour le repos de son ame. Les cavaliers s'avançant à pas lents, et les porte-lances les suivant à pied, formaient le reste du cortège. Ce fut ainsi qu'on transporta les restes du vaillant chevalier à travers le Liddesdale, jusqu'aux rives du Leven; il fut déposé sous la nef élevée d'Holme Coltrame, dans la sépulture de ses pères.

Le barde avait cessé de chanter, mais les cordes de sa harpe faisaient encore entendre les sons d'une marche funèbre. Ses accords variés avec art, semblaient partir tantôt de loin, tantôt de près, s'affaiblir par degrés, et soudain devenir plus sonores. C'était un torrent descendant avec fracas du haut des montagnes, et puis ne faisant plus entendre qu'un doux murmure au fond de la vallée. Il imitait tour à tour les airs mélancoliques des bardes, les chants solennels de l'église, et il finit par le chœur des prêtres qui fermaient la tombe du guerrier.

Après quelques instans d'intervalle, les dames lui demandèrent pourquoi un ménestrel si habile sur la harpe, errait ainsi dans un pays trop pauvre pour récompenser dignement ses talens, pourquoi il n'allait pas dans les contrées du sud, où sa main habile trouverait un appui plus généreux.

Quelque chère que lui fût sa harpe, son unique amie, le vieux ménestrel n'aimait pas à lui entendre donner une préférence si marquée sur ses chants : il aimait encore moins qu'on parût rabaisser la patrie qu'il chérissait tant, et il prit un ton plus élevé pour continuer ses poétiques récits.

FIN DU CHANT CINQUIÈME.

LE LAI

DU

DERNIER MÉNESTREL.

CHANT SIXIÈME.

I.

Est-il un homme dont l'ame soit assez insensible pour ne s'être jamais dit : — Voici ma patrie ! ma terre natale ! Est-il un homme qui n'ait pas senti son cœur s'enflammer, quand après avoir erré dans des contrées étrangères, il tourne ses pas du côté de son pays. Si un tel homme existe, remarquez-le bien, le noble enthousiasme du ménestrel lui est inconnu. Quelque élevé qu'il soit par son rang, quelque fier qu'il soit de son nom, en dépit de ses titres, de son pouvoir et de ses richesses, le malheureux, concentré en lui-même, vivra sans gloire, et frappé d'une double mort, rentrera dans la poussière dont il est sorti, sans qu'aucune larme, sans qu'aucuns chants honorent sa mémoire.

II.

O Calédonie, fière et sauvage nourrice du génie poétique, terre de bruyères et de forêts, terre de montagnes et de lacs, terre de mes pères, quelle main mortelle pourrait rompre le lien filial qui m'attache à tes rochers! Quand je revois les lieux témoins de ma jeunesse, quand je songe à ce qu'ils furent, à ce qu'ils sont, il me semble que, seul dans le monde, je n'ai plus d'autres amis que tes bois et tes ruisseaux, et l'excès même du malheur fait que je les chéris davantage. J'aime à errer sur les rives de l'Yarrow, quoique une main compatissante ne guide point mes pas chancelans; j'aime à sentir le vent impétueux qui part de la forêt d'Ettrick, quoique son souffle glace mes joues flétries; j'aime à reposer ma tête sur les rochers du Teviot, quoique le barde soit condamné à y rendre le dernier soupir dans la solitude et l'oubli.

III.

Ils n'étaient pas méprisés comme moi, ces ménestrels qu'on appela de toutes parts au château de Branksome. Ils y arrivèrent en foule, et des environs et des comtés les plus éloignés. Ministres joyeux de la gaieté et de la guerre, également prêts à partager les plaisirs d'un festin ou les dangers d'un combat, on les voyait dans la salle du banquet et sur le champ de bataille. Naguère ils avaient fait entendre leurs chants guerriers à l'avant-garde de leurs clans belliqueux; maintenant les portes de fer s'ouvrent aux accords plus doux de leurs harpes et de leurs cornemuses. Ils dansent, boivent et font retentir les tours de leurs accens d'allégresse.

IV.

Je ne dirai point la splendeur avec laquelle la fête de

l'hymen fut célébrée. A quoi bon décrire les jeunes filles, les nobles dames, les écuyers et les chevaliers qui se réunirent dans la chapelle; les bijoux, les riches manteaux, les fourrures de prix, les panaches ondoyans, les éperons et les chaines d'or, qu'on vit briller autour de l'autel. Quel barde pourrait peindre cette aimable rougeur que la pudeur faisait naître et mourir tour à tour sur les joues de Marguerite?

v.

Quelques bardes ont dit que sa mère n'approcha pas de l'autel, n'entra même pas dans la chapelle, n'assista point à la cérémonie sainte, parce qu'elle n'osait paraître dans un lieu consacré : mais ces bruits sont faux et calomnieux. Elle ne s'occupait pas de magie noire (1); il est certaines formules et certains signes qui ont du pouvoir sur les esprits par l'influence des planètes; mais j'ai peine à approuver ceux qui se livrent à cet art dangereux. Cependant je puis dire avec vérité que la noble dame était près de l'autel. Elle portait une robe de velours noir bordée d'hermine, avait sur la tête une coiffure de soie cramoisie, brodée en or et en perles, et tenait sur le poing un faucon attaché avec une tresse de soie.

vi.

La cérémonie nuptiale se termina vers midi, et un festin splendide fut servi dans la grande salle. L'intendant et les écuyers s'empressèrent d'assigner la place à chaque convive. La table était couverte des mets les plus recherchés; on n'y avait oublié ni le paon doré, ni la tête de sanglier, ni le ptarmigan, ni le jeune cygne

(1) Voyez la note 1. — Éd.

des étangs de Sainte-Marie. Le prêtre donna sa bénédiction à tous les mets, les pages se mirent à découper et à servir. Qui pourrait dire le bruit qui régna alors dans la salle, au dehors, et jusque sur la tête des convives ? car les trompettes, les cornemuses et les psaltérions retentissaient dans la galerie. Les vieux guerriers parlaient haut et riaient en vidant leurs coupes sonores; les jeunes chevaliers, d'un ton plus doux, parlaient à demi-voix aux belles dames qui les écoutaient en souriant. Les faucons chaperonnés, sur leurs perchoirs, battant des ailes et secouant leurs sonnettes, joignaient leurs cris aux aboiemens des chiens de chasse ; les échansons versaient à grands flots les meilleurs vins du Rhin, d'Orléans et de Bordeaux; tout était joie, bruit et plaisir.

VII.

Le lutin de page, ne perdant jamais l'occasion de faire le mal, voulut profiter du moment où les têtes s'échauffaient, pour semer la haine et la discorde. Conrad de Wolfenstein, naturellement hautain, était mécontent d'avoir perdu quelques-uns de ses coursiers. Le nain lui persuada que le vaillant Hunthill de Rutherford, qu'on avait surnommé Dick Sabre-en-main, les lui avait dérobés. Wolfenstein se prend de paroles avec lui, s'emporte, et le frappe de son gantelet. Howard, Home et Douglas se levèrent aussitôt, et cherchèrent à apaiser cette querelle naissante. Rutherford dit peu de choses et se borna à mordre son gant et à secouer la tête. Quinze jours après, le chien d'un bûcheron trouva, dans la forêt d'Inglewood, le brave Conrad percé de coups, baigné dans son sang et sans vie. On ne put découvrir comment il avait péri, mais on ne lui trouva plus son sabre, et l'on dit que depuis ce temps Dick porta une lame de Cologne.

VIII.

Le nain, qui craignait que son maître ne s'aperçût de ses manœuvres perfides, se rendit alors dans l'office où les principaux vassaux se livraient à la gaieté aussi franchement que les nobles lords dans la salle d'apparat. Wat Tinlinn invita Arthur-le-Brûleur à proposer une santé, et celui-ci, par courtoisie, porta celle des braves hommes d'armes d'Howard. Les Anglais ne voulurent pas céder en politesse aux Écossais, et Roland Forste s'écria à haute voix : — Un toast à votre belle mariée! — L'ale brune (1) remplit les coupes de son écume pétillante, aux bruyantes acclamations de tous les convives. Jamais pareils transports de joie n'avaient éclaté parmi le clan de Buccleuch depuis le jour où la mort d'un cerf avait acquis ce nom au premier de leurs chefs.

IX.

Le méchant page n'avait pas oublié l'arc de Wat Tinlinn. Il jura de se venger et de lui faire payer bien cher son adresse à décocher une flèche. D'abord il le tourmenta par des railleries piquantes : il raconta comment il avait pris la fuite à la bataille de Solway, et comment Hob Armstrong avait consolé sa femme. Bientôt, craignant encore son bras vigoureux, il lui joua plus d'un tour malin en tapinois, faisant disparaître de son assiette les meilleurs morceaux, et renversant le pot de bière qu'il portait à ses lèvres. Enfin, se glissant adroitement sous la table, il lui enfonça dans le genou une épingle acérée dont la pointe envenimée lui fit une blessure qui ne put se guérir de long-temps. Tinlinn se

(1) Bière douce. — Éd.

lève en jurant de colère, renverse la table et les flacons. Mais, au milieu du tumule et des clameurs, le nain retourna dans la grande salle, y prit son poste dans un coin obscur, et murmura en faisant une grimace effroyable : — Perdu ! perdu ! perdu !

X.

Cependant la noble dame, craignant que quelque nouvelle querelle ne vînt encore troubler la bonne intelligence, ordonna aux ménestrels de commencer leurs chants. Un vieux barde, portant un ancien nom, Albert Grœme, se présenta d'abord. Personne ne pinçait la harpe comme lui dans toute l'étendue du territoire contesté. Son clan audacieux ne connaissait pas d'amis. N'importe qui perdait, il gagnait toujours, et il enlevait les troupeaux sur les frontières d'Écosse comme sur celles d'Angleterre. Le ménestrel commença ses chants sur un mode simple, tel que le lui inspirait la nature.

XI.

ALBERT GRŒME.

— Il était une belle dame anglaise (le soleil brille sur les murs de Carlisle) qui voulait épouser un chevalier écossais, car l'amour sera toujours le maître du monde.

Ils virent avec gaieté les premiers rayons du soleil levant qui brillait sur les murs de Carlisle ; mais ils furent plongés dans la tristesse avant la fin du jour, quoique l'amour fût toujours le maître du monde.

Le père de la dame lui donna un collier et des bijoux, tandis que le soleil brillait sur les murs de Carlisle : son frère ne lui donna qu'un flacon de vin, car il ne pouvait souffrir que l'amour fût le maître du monde.

Elle avait des terres, des bois et des prairies dans les lieux où le soleil brille sur les murs de Carlisle, et il jura de la faire périr, plutôt que de voir un chevalier écossais en devenir le maître.

A peine avait-elle goûté ce vin (le soleil brille sur les murs de Carlisle), qu'elle tomba morte entre les bras de son fidèle amant, car l'amour était encore le maître du monde.

L'amant perça le cœur du frère dans les lieux où le soleil brille sur les murs de Carlisle. Ainsi périsse quiconque voudrait séparer deux amans! Que l'amour soit toujours le maître du monde!

Il prit ensuite la croix dans les lieux où le soleil brille sur les murs de Carlisle, et il mourut pour l'amour de sa dame en Palestine ; ainsi l'amour resta le maître du monde.

Maintenant, ô vous amans fidèles (le soleil brille sur les murs de Carlisle)! priez pour l'ame de ceux dont l'amour a causé le trépas, car l'amour sera toujours le maître du monde (1). —

XII.

A peine Albert finissait-il son simple lai, qu'on vit se lever un barde d'un port plus imposant, et qui était célèbre à la cour du fier Henri par ses sonnets et ses rondeaux. Long-temps, Fitztraver, tu fis entendre les sons argentins de ta harpe sans connaître de rival : l'ai-

---

(1) Ce *soleil qui brille*, dans chaque stance, *sur les murs de Carlisle*, forme le refrain d'une ancienne ballade très-connue en Écosse. — Éd.

mable Surrey aimait ta lyre. Où n'a pas pénétré la renommée de Surrey? A l'ame de feu des héros il réunit le génie immortel du barde; son amour, célébré par sa propre lyre, fut le noble amour d'un chevalier.

XIII.

Fitztraver et Surrey parcoururent ensemble des climats lointains; et souvent, quand venait la nuit avec les astres étincelans qui l'accompagnent, assis dans un bosquet d'oliviers, ils chantaient l'amie absente de Surrey. Le paysan d'Italie, s'arrêtant pour les écouter, croyait que des esprits descendus du ciel étaient rassemblés autour de la sépulture de quelque saint ermite, et faisaient entendre une divine harmonie; tant le concert de leurs voix et de leurs harpes avait de douceur quand ils célébraient les charmes de Géraldine.

XIV.

O Fitztraver, quelle langue pourrait exprimer les regrets qui déchirèrent ton cœur fidèle quand la sentence de l'ingrat Tudor ordonna la mort de ce Surrey dont les chants sont immortels! Fitztraver méprisa la colère du tyran; sa harpe invoqua la justice et la vengeance des cieux. Il renonça à la cour, abandonna les bosquets verdoyans de Windsor pour les tours de fer de Naworth, et, fidèle au nom de son ancien maître, alla chercher un autre Howard, devint le favori de lord William et le chef de ses ménestrels.

XV.

FITZTRAVER.

— C'était la veille de la Toussaint (1), et le cœur de

---

(1) D'après une superstition écossaise, la veille de la Toussaint est le jour le plus propre aux apparitions de spectres, de fantômes, et aux opérations magiques. — ÉD.

Surrey battait vivement. La cloche qui sonna minuit le fit tressaillir, en lui annonçant l'heure mystérieuse à laquelle le sage Cornelius lui avait promis de lui faire voir, par la puissance de son art, la dame de ses pensées, dont il était séparé par le vaste Océan : le sage l'avait assuré qu'il la lui montrerait sous sa forme naturelle, et qu'il lui ferait connaître si elle l'aimait encore, et si elle pensait toujours à lui.

XVI.

Le magicien conduisit le vaillant chevalier sous les voûtes d'une salle où régnaient de sombres ténèbres; la faible clarté d'un cierge bénit brillait seule devant un grand miroir, et découvrait les instrumens mystérieux de l'art magique, l'*Almageste*, une croix, un autel, des caractères cabalistiques et des talismans. Cette lumière était pâle, tremblante, incertaine comme celle qui éclaire le lit de l'homme que la sépulture réclame.

XVII.

Mais bientôt une vive clarté jaillit du grand miroir, et le comte y vit se dessiner des objets vagues et sans forme, tels que ceux que nous présentent les rêves. Ils se fixèrent peu à peu, et offrirent à ses yeux un grand et bel appartement ; la pâle lueur de la lune unie aux rayons d'une lampe qui brûlait près d'une couche formée des belles soies d'Agra, en éclairait une partie; le reste demeurait dans l'obscurité.

XVIII.

Ce spectacle était beau; mais qu'elle était plus belle encore la dame qui reposait sur cette couche des Indes! Des cheveux noirs flottaient sur son cou d'albâtre, et la pâleur de ses joues charmantes annonçait la mélancolie de l'amour. Négligemment couverte d'une longue robe blanche, elle appuyait sa tête sur une de ses mains, et lisait d'un air pensif sur des tablettes d'ivoire, des vers qui semblaient pénétrer au fond de son ame. Ces vers étaient des chants d'amour de Surrey; cette beauté enchanteresse était lady Géraldine.

XIX.

De sombres vapeurs couvrirent peu à peu la surface du miroir, et firent disparaître cette vision délicieuse. Tels furent les nuages que l'envie d'un roi fit planer sur les plus beaux jours de mon maître. Tyran injuste et barbare, puisse le ciel venger sur toi et sur les derniers de tes descendans les caprices féroces de ton despotisme, ton lit nuptial ensanglanté, les autels que tu dépouillas, le sang de Surrey que tu fis couler, et les pleurs de Géraldine ! —

XX.

Les chefs des deux peuples donnèrent de vifs applaudissemens aux chants de Fitztraver; le nom de Henry était odieux aux Calédoniens, et les Anglais étaient encore fidèles à leur ancienne foi. Rose Harold, barde du brave Saint-Clair, — de Saint-Clair qui, étant venu faire une visite d'ami à lord Home, l'avait accompagné à la guerre, se leva alors avec un air de dignité. Harold était né dans ces lieux où la mer, sans cesse tourmentée par les tempêtes, mugit autour des Orcades. C'est là que les Saint-Clairs régnaient autrefois en princes sur les grandes et les petites îles, sur les baies et les détroits. Les ruines de leur palais, de ce palais autrefois ton orgueil, maintenant l'objet de tes regrets, ô Kirkwall, annoncent encore leur ancienne puissance. Harold regardait souvent la mer furieuse soulever ses vagues, comme si le bras courroucé d'Odin les eût agitées; la pâleur sur le front et le cœur palpitant, il suivait des yeux le navire qui luttait contre le naufrage; car tout ce qui était pittoresque et imposant avait des charmes pour ce barde de la solitude.

XXI.

Sur combien de monumens sublimes l'imagination peut s'arrêter dans ces îles sauvages? ce fut là qu'arrivèrent, dans des temps bien reculés, les enfans guerriers du fier Lochlin, ne respirant que sang et pillage, et préparant sans cesse de la pâture aux corbeaux : leurs braves chefs étaient les rois de la mer; leurs navires, les dragons de l'Océan. Là de profondes vallées avaient entendu successivement les rugissemens des orages et les récits merveilleux des scaldes. Là de hautes colonnes runiques avaient vu célébrer les mystères de l'idolâtrie. Là enfin, Harold avait appris dans sa jeunesse les vers de mainte saga antique : l'une célébrait ce serpent de mer dont les replis épouvantables entourent le monde de leurs cercles monstrueux, et ces filles redoutables dont les cris affreux font couler des ruisseaux de sang sur le champ de bataille; une autre, ces chefs qui, guidés dans l'obscurité par la pâle lueur du tombeau, pillaient la sépulture des anciens guerriers, arrachaient de leurs mains décharnées le glaive qu'elles tenaient encore, faisaient retentir la tombe du cri de guerre, et appelaient les morts aux armes. Plein du récit de ces merveilles, et brûlant d'une ardeur guerrière, le jeune Harold vint dans les bosquets de Roslin : là, dans de paisibles vallons, à l'ombre des bois verdoyans, sa harpe apprit à soupirer des sons plus doux; et cependant ses chants, quoique moins sauvages, conservaient toujours quelque chose de la rudesse du nord.

XXII.

HAROLD.

— Écoutez, écoutez-moi, belles dames! Je ne célèbre pas de hauts faits d'armes; c'est par des chants tendres et mélancoliques qu'il faut pleurer l'aimable Rosabelle.

Amarrez votre barque, braves matelots! Et vous, charmante dame, daignez vous arrêter! Reposez-vous dans le château de Ravensheuch, et ne vous hasardez pas aujourd'hui sur cette mer orageuse?

La vague noire est bordée d'une écume blanchâtre, la mouette se réfugie sur les rochers solitaires; les pêcheurs ont entendu l'esprit des eaux dont les cris prédisent le naufrage.

La nuit dernière, le devin de la côte a vu une belle dame enveloppée d'un linceul humide. Restez à Ravensheuch! Pourquoi traverser aujourd'hui cette mer orageuse?

Ce n'est point parce que l'héritier de lord Lindesay ouvre un bal ce soir à Roslin; c'est parce que ma mère est seule dans son château.

Ce n'est point parce qu'on y court la bague, et que Lindesay y brillera par son adresse; c'est parce que mon père ne trouvera pas de bouquet à son vin, s'il n'est versé par Rosabelle.

Pendant cette nuit horrible, on vit briller sur Roslin une flamme surnaturelle. Elle s'étendait plus loin que celle des feux qui servent de signaux, et elle était plus rouge que les rayons brillans de la lune.

Elle se réfléchissait sur le château de Roslin, situé sur le sommet d'un roc, et jetait une lueur de pourpre

CHANT SIXIÈME.

sur le taillis de la vallée. On la voyait des bosquets de chênes de Dryden, et du fond des cavernes de l'Hawthornden.

On croyait voir en feu cette chapelle orgueilleuse où les chefs de Roslin reposent sans cercueil; l'armure de fer de chaque baron lui servant de drap funéraire.

On croyait voir en feu la sacristie, et jusqu'à l'autel même. La flamme semblait jaillir des colonnes sculptées en feuillage, et des trophées d'armes des anciens guerriers.

Bastions, murailles, tourelles, tout semblait embrasé. C'est ce qui arrive encore quand le destin menace les jours d'un descendant de la noble famille Saint-Clair.

Vingt barons de Roslin sont ensevelis dans l'orgueilleuse chapelle; c'est sous la voûte sainte qu'ils reposent. Mais la mer couvre l'aimable Rosabelle.

Chaque Saint-Clair fut inhumé à la lueur des cierges, au son des cloches, avec les prières des funérailles; les mugissemens des antres de la mer et la voix menaçante des vents furent le chant de mort de l'aimable Rosabelle. —

XXIII.

Les chants d'Harold avaient tant de douceur que les convives s'aperçurent à peine que l'obscurité se répandait dans la salle; quoique le jour fût encore éloigné de sa fin, ils se trouvèrent enveloppés d'une ombre mystérieuse. Ce n'était point un brouillard ni la vapeur que le soleil tire des lacs et des marais; les sages n'avaient pas annoncé d'éclipse; et cependant les ténèbres s'épaississaient tellement, qu'on pouvait à peine voir la figure de son voisin, et même sa propre main quand on l'étendait. Une secrète horreur succéda aux plaisirs du festin et glaça tous les cœurs. La noble dame elle-même fut presque effrayée, et sentit que l'esprit du mal planait dans les airs. Le méchant nain tomba la face contre terre, et murmura en tremblant : — Trouvé ! trouvé ! trouvé !

XXIV.

Tout à coup un éclair fendit les airs obscurcis, — un éclair si vif, si brillant, si terrible, que le château sembla tout en feu. Un instant, un seul instant, il rendit visibles toutes les solives du plafond, les boucliers suspendus aux murs, et les trophées d'armes sculptés sur les colonnes. La foudre brilla sur la tête des convives et tomba sur le page renversé ; les roulemens du tonnerre effrayèrent les plus braves et firent pâlir les plus audacieux. La cloche d'alarme sonna d'une mer à l'autre ; sur les murs de Berwick et sur ceux de Carlisle, la sentinelle, saisie de terreur, se hâta de courir à ses armes ; et, quand le calme succéda à cette convulsion de la nature, le page avait disparu.

XXV.

Les uns entendirent une voix dans la grande salle de Branksome, et les autres virent ce que tous n'aperçurent pas. Cette voix terrible cria d'un ton de maître : — Viens, Gylpin (1) ! — Et à l'endroit que le tonnerre avait frappé, où le page s'était jeté par terre, les uns virent un bras, les autres une main, quelques autres les plis d'une robe flottante. Les convives tremblans priaient en silence, et la terreur était peinte sur tous les

---

(1) Voyez la note 13 sur le chant II.

fronts. Mais parmi ces guerriers effrayés, nul ne l'était comme Deloraine. Son sang était glacé, sa tête en feu, et l'on craignit qu'il n'eût perdu la raison pour toujours. Il était pâle, ne pouvait parler, avait l'air égaré et ressemblait à ce soldat, dont on conte l'histoire, qui parla au spectre-chien dans l'île de Man (1). Enfin il dit en frissonnant, et à mots entrecoupés, qu'il avait vu, et vu de ses yeux, un vieillard *couvert d'une aumusse et d'un baudrier travaillé en Espagne, comme un pèlerin d'outremer* (2). — Je sais, dit-il, mais ne me demandez pas comment, que c'est le magicien Michel Scott.

XXVI.

Frappés d'horreur, les convives écoutèrent en frémissant ce récit merveilleux. Pas un mot n'était prononcé, pas un son ne se faisait entendre. Enfin le noble Angus rompit le silence, et promit par un vœu solennel à sainte Brigite-de-Douglas, de faire un pèlerinage à l'abbaye de Melrose, pour apaiser l'ame de Michel. Chaque guerrier, pour rétablir la paix dans son cœur troublé, adressa aussi ses prières à quelque saint, les uns à saint Modan, les autres à sainte Marie-des-Lacs; ceux-ci à la sainte Croix-de-Lille, ceux-là à Notre-Dame-des-Iles : tous prirent leur patron à témoin qu'ils entreprendraient tel ou tel pèlerinage, qu'ils feraient sonner les cloches, qu'ils ordonneraient des prières pour le salut de l'ame de Michel. Tandis qu'ils prononçaient ces vœux, on dit que la noble dame épouvantée renonça pour jamais à employer le secours de la magie.

XXVII.

Je ne parlerai pas de la noce qui eut lieu peu de

---

(1) Voyez la note 15. — Éd.
(2) Voyez la stance XIX du chant II. — Éd.

temps après; je ne vous dirai pas combien de fils vaillans, combien d'aimables filles couronnèrent l'amour de la fleur du Teviot et de l'héritier de Cranstoun. Après une scène si terrible, il serait inutile de vouloir produire des sons d'allégresse. Il convient mieux de parler du jour marqué par la pénitence et la prière, où la troupe des pèlerins se rendit solennellement dans le saint temple de Melrose.

XXVIII.

Chacun d'eux marchait les pieds nus, le corps couvert d'un sac, et les bras croisés sur la poitrine. Dans tout ce long cortège on aurait eu peine à entendre le bruit de leurs pas, le son de leurs voix; à peine osaient-ils respirer. Vainement on aurait cherché en eux l'air imposant, le port martial; leur gloire était éclipsée, leur orgueil abattu, leur illustre nom oublié. D'un pas lent, et dans un profond silence, ils s'avancèrent vers l'autel sacré, et se prosternèrent humblement. Sur la tête des guerriers supplians flottaient les bannières des anciens héros; sous leurs pieds étaient les cendres de leurs pères; et autour d'eux les saints et les martyrs, dans leurs niches, semblaient les regarder d'un air sévère.

XXIX.

Couverts d'étoles blanches comme la neige, de scapulaires et de capuchons noirs, les saints pères arrivèrent sur deux rangs en procession solennelle par une des ailes de l'église. Ils portaient des cierges, des missels et l'hostie consacrée; une sainte bannière avec le nom du rédempteur flottait devant eux. L'abbé, couvert de sa mitre, étendit la main sur les pèlerins agenouillés devant lui, leur donna sa bénédiction en faisant sur eux le signe de la croix; il pria le ciel de leur accorder sagesse dans leurs châteaux et succès sur le champ de bataille. On célébra la messe, on fit des prières, on chanta un *requiem* pour les morts, et on sonna toutes les cloches pour le salut de leur ame. Pour terminer l'office, l'hymne d'intercession s'éleva vers le ciel, et les voûtes de l'église retentirent des sons de l'orgue qui accompagnait le chant majestueux du *Dies iræ, dies illa*. S'il m'est permis de finir par des vers sacrés un lai léger et frivole, voici ce que chantaient les saints pères :

XXX.

HYMNE POUR LES MORTS.

Jour de terreur, jour de vengeance, où le ciel et la terre passeront! Quel sera alors l'appui du pécheur? Comment soutiendra-t-il ce jour formidable? Le ciel enflammé se repliera comme le parchemin exposé à l'action du feu; on entendra le son bruyant de la redoutable trompette qui doit éveiller les morts.

Oh! dans ce jour, dans ce jour terrible, où l'homme sortira de la nuit du tombeau pour subir son jugement, Dieu de miséricorde, sois l'appui du pécheur tremblant, tandis que le ciel et la terre passeront!

La harpe est muette, et le ménestrel est parti... Mais est-il parti seul? sa vieillesse va-t-elle continuer dans l'indigence son pèlerinage solitaire? — Non. — Près de la tour orgueilleuse de Newark s'élève une demeure pour l'ancien barde : ce n'est qu'une humble chaumière ; mais on y voit un petit jardin entouré de haies et un foyer consolateur qui répand le jour et la gaieté. Là le voyageur, assis au coin du feu, écoutait, pendant l'hiver, les récits des anciens temps : car le vieillard ouvrait sa porte avec plaisir, et ne refusait à personne les secours qu'il avait demandés lui-même. Mais, quand l'été ornait de sa parure le sommet de Bowhill, quand l'haleine embaumée de juillet balançait les fleurs de la vallée de Newark, quand les grives chantaient dans les taillis d'Hare-Head, que des épis verts tapissaient Carterhaugh, et que le chêne de Blackandro offrait un abri sous ses vastes rameaux, alors l'ame du barde s'embrasait d'un nouveau feu ; alors il chantait les hauts faits d'armes et les exploits des chevaliers. En l'écoutant, le voyageur oubliait le jour qui s'enfuyait, le jeune chasseur ne songeait plus à poursuivre le daim timide, et l'Yarrow, en roulant ses ondes, répétait les chants du dernier ménestrel.

FIN DU LAI DU DERNIER MÉNESTREL.

NOTES

DU LAI DU DERNIER MÉNESTREL.

CHANT PREMIER.

NOTE 1. — Paragraphe 1.

Sou le règne de Jacques Ier, roi d'Écosse, sir William Scott de Buccleuch, chef du clan qui portait ce nom, fit un échange avec sir Thomas Inglis de Manor, du domaine de Murdiestone, dans le comté de Lanark, pour moitié de la baronnie de Branksome ou Branxholm, située sur les bords du Teviot, à environ trois milles au-dessus d'Hawick. Il s'y détermina probablement parce que Branksome touchait aux domaines étendus qu'il possédait près de la forêt d'Ettrick et dans la vallée de Teviot. La tradition attribue cet échange à une conversation entre Scott et Inglis, dans laquelle ce dernier, homme, à ce qu'il paraît, d'un caractère doux et pacifique, se plaignit des incursions que faisaient sur ses possessions les habitans des frontières d'Angleterre. Sir William Scott lui offrit sur-le-champ la terre de Murdiestone en échange du domaine qui était sujet à de tels inconvéniens. Lorsque l'affaire fut conclue, il remarqua que les bestiaux du Cumberland valaient bien ceux de la vallée de Teviot, et il commença contre les Anglais un système de représailles que ses successeurs ne manquèrent pas de suivre. Sous le règne suivant, Jacques II accorda à sir Walter Scott de

Branksome, et à sir David son fils, l'autre moitié de la baronnie de Branksome, sans autre redevance qu'une rose rouge.

Branksome devint alors le siège principal de la famille de Buccleuch. La seule partie de l'ancien édifice qui existe aujourd'hui est une tour carrée dont les murs sont d'une épaisseur prodigieuse.

Note 2. — Paragraphe v.

Les Écossais, dit Froissard, ne sont pas d'excellens archers, mais ils combattent parfaitement avec la hache, et s'en servent à ravir dans l'occasion. La hache de Jedwood était une sorte de pertuisane dont les cavaliers étaient armés.

Note 3. — Paragraphe vii.

Le château de Branksome était sans cesse exposé aux attaques des Anglais, tant à cause de son voisinage des frontières, que par suite du caractère turbulent de ses maîtres, qui vivaient rarement en paix avec leurs voisins.

Note 4. — Paragraphe vii.

Sir Walter Scott de Buccleuch succéda à son aïeul sir David en 1592; sa mort fut occasionée par la querelle qui s'éleva entre les Scotts et les Kerrs ou Cars. Il est nécessaire d'entrer dans quelques détails à ce sujet, pour que le lecteur puisse comprendre plusieurs allusions qui se trouvent dans le poëme.

En 1526, le comte d'Angus et les Douglas étaient maîtres absolus du pays, et personne n'osait leur résister. Le roi Jacques V, alors mineur, en fut mécontent, et aurait voulu secouer leur joug. Il écrivit de sa propre main une lettre confidentielle au lord Buccleuch, le priant de venir le joindre à Melross ou Melrose, et de le délivrer des Douglas.

Un serviteur fidèle du prince fut chargé de porter cette lettre au lord de Buccleuch, qui ne perdit pas un instant pour obéir aux ordres du roi. Il assembla ses vassaux et ses alliés, et marcha vers Melrose. Les Douglas, qui étaient maîtres de sa personne, virent avancer cette armée, et, lui supposant des intentions hostiles, s'avancèrent à sa rencontre. Buccleuch leur livra bataille, et fut repoussé avec une grande perte.

Cette journée fut l'origine de la haine mortelle et héréditaire qui divisa long-temps les familles de Scott et de Kerr. Parmi les actes de violence auxquels elle donna lieu, on peut citer comme le plus signalé le meurtre de sir Walter lui-même, qui fut assassiné par les Kerrs en 1552, dans les rues d'Édimbourg. C'est à cet événement qu'il est fait allusion dans la strophe VII, et la scène du poëme est supposée s'ouvrir peu de temps après que ce crime eut été commis.

NOTE 5. — Paragraphe VIII.

Entre autres expédiens auxquels on eut recours pour calmer l'inimitié qui régnait entre les Scotts et les Kerrs, les chefs des deux clans firent, en 1529, une transaction par laquelle ils s'obligèrent à faire les quatre principaux pèlerinages usités en Écosse, pour prier réciproquement pour l'ame de ceux qu'ils avaient fait périr. Mais ou cette transaction ne fut pas exécutée, ou elle ne produisit pas l'effet qu'on s'en était promis, car leur haine éclata bientôt avec une nouvelle violence.

NOTE 6. — Paragraphe VIII.

La famille des Kerrs était très-puissante sur les frontières d'Écosse.

NOTE 7. — Paragraphe 10.

Les Cranstouns sont une ancienne famille des frontières, dont la résidence principale était à Crailing, dans la vallée de Teviot. Ils étaient alors en guerre avec le clan des Scotts; car on voit en 1557 lady Buccleuch assiéger lord Cranstoun, et menacer sa vie. Cependant le même Cranstoun, ou peut-être son fils, épousa ensuite la fille de cette dame.

NOTE 8. — Paragraphe XI.

Les Béthunes sont d'origine française, et tirent leur nom d'une petite ville d'Artois. Il y avait dans la province voisine, la Picardie, plusieurs familles distinguées qui portaient ce nom. Le célèbre duc de Sully en descendait, et ce nom était compté parmi les plus nobles de la France. La famille de Béthune ou Beatown, et Beaton, dans le comté de Fife, produisit trois prélats savans et illustres, le cardinal Beaton, et deux archevêques de Glascow, qui en occupèrent le siége successivement. De cette famille était descendue Jeanne Beaton, épouse de sir Walter Scott de Branksome, lord Buccleuch. C'était une femme pleine de courage, et elle en donna des preuves en se mettant à la tête du clan de son fils après le meurtre de son mari. Elle possédait à un tel degré les talens qui étaient héréditaires dans sa famille, que les esprits superstitieux lui attribuaient des connaissances surnaturelles.

Note 9. — Paragraphe xi.

Padoue passa long-temps en Écosse pour être la principale école de nécromancie.

L'ombre d'un nécromancien est indépendante du soleil. Simon-le-Mage, dit Glycas, faisait marcher son ombre devant lui, et laissait croire au peuple que c'était un esprit qui l'accompagnait. Le vulgaire croit que, quand des savans d'une certaine classe ont fait assez de progrès dans leurs études mystiques, ils sont obligés de traverser en courant une grande salle souterraine où le diable les poursuit pour s'emparer de celui qui se trouvera le dernier, à moins que celui-ci ne coure assez vite pour qu'il ne puisse saisir que son ombre. En ce cas la personne du sage ne produit plus aucune ombre; et ceux qui ont ainsi *perdu leur ombre* sont toujours reconnus pour être les meilleurs magiciens.

Note 10. — Paragraphe xii.

Le peuple en Écosse croit à l'existence d'une classe intermédiaire d'esprits qui résident dans les airs ou dans les eaux. Il attribue à leur puissance les inondations, les ouragans; et tous les phénomènes qu'il ne peut expliquer. Il suppose qu'ils se mêlent des affaires des hommes, souvent pour leur nuire, quelquefois pour leur être utiles.

Tandis que des ouvriers travaillaient aux fondations de l'église d'Old-Deer dans le comté d'Aberdeen, ils furent surpris de trouver des obstacles surnaturels qui s'opposaient à leurs travaux. Enfin ils entendirent la voix de l'Esprit du fleuve, qui ordonnait de construire l'édifice dans un autre endroit nommé Taptillery; et on lui obéit.

Je rapporte ce conte populaire parce qu'au premier coup d'œil l'introduction de l'Esprit des eaux et de l'Esprit des montagnes pourrait paraître peu d'accord avec le ton général du poëme, et avec les superstitions du pays où la scène est placée.

NOTE 11. — Paragraphe XIX.

Les habitans des cantons frontières suivaient la profession de maraudeurs, et les membres du clan de Buccleuch s'y distinguaient surtout.

NOTE 12. — Paragraphe XIX.

Allusion aux armoiries des Scotts et des Kerrs. Les Kerrs de Cessford portaient sur leurs armes une tête de licorne, et les Scotts de Buccleuch avaient dans les leurs une étoile entre deux croissans.

NOTE 13. — Paragraphe XXI.

Les rois et les héros d'Écosse, de même que les maraudeurs, étaient quelquefois obligés d'éviter la poursuite de chiens dressés à cette chasse. Barbour rapporte que Robert Bruce fut plus d'une fois suivi à la piste par des chiens. Il leur échappa un jour en se jetant dans une rivière, d'où il sortit en montant sur un arbre par le moyen d'une branche qui pendait sur l'eau. Ne laissant ainsi sur la terre aucune trace de ses pieds, il mit en défaut les chiens qui le poursuivaient. On prétendait qu'un moyen de les dépister était de répandre du sang dans l'endroit par où ils devaient passer; et il en coûta la vie à plus d'un prisonnier.

NOTE 14 — Paragraphe XXV.

C'est une montagne ronde formée par la main des hommes, à peu de distance d'Hawick. Son nom, signifiant en saxon *conseil*, *assemblée*, porte à croire que c'était autrefois un lieu de réunion pour les chefs des tribus des environs. On trouve en Écosse un assez grand nombre de montagnes semblables, et quelques-unes sont de forme carrée.

NOTE 15. — Paragraphe XXVII.

Une petite plate-forme située sur le haut d'un rocher d'où l'on découvre une vue charmante, se nomme encore *le lit de Barnhill*. C'était, dit-on, un brigand ou un proscrit. On y voit les restes d'une tour fortifiée qu'on suppose qu'il a habitée. Dans le nombre des édifices détruits par le comte d'Harford en 1545, on compte les tours de Barnhill et de Minto. Sir Gilbert Minto, père du lord Minto actuel, est auteur d'une jolie pastorale à laquelle il a été fait allusion dans la strophe XXVII.

NOTE 16. — Paragraphe XXXI.

L'ancien et beau monastère de Melrose fut fondé par le roi David Ier. Ses ruines offrent le plus beau modèle d'architecture et de sculpture gothiques qu'on puisse trouver dans toute l'Écosse.

CHANT II.

NOTE 1. — Paragraphe VI.

On croira sans peine que les maraudeurs n'étaient pas rigoureux observateurs des pratiques religieuses. On voit cependant dans Lesly que, quoiqu'ils n'eussent véritablement pas de religion, ils disaient régulièrement leur chapelet, et y mettaient un nouveau zèle quand ils partaient pour quelque expédition qui avait pour but le vol et le pillage.

NOTE 2. — Paragrahe VII.

Les cloîtres servaient souvent de lieu de sépulture dans les monastères. Dans celui de l'abbaye de Dryburgh on voit encore une pierre sur laquelle est gravé : *Hìc jacet frater Archibaldus.*

Note 3. — Paragraphe VIII.

— Sur ma foi! disait le duc de Lancastre à un écuyer portugais, de tous les faits d'armes des Castillans et des gens de votre pays, la manière dont ils lancent leurs dards est ce qui me plaît le plus. On imitait cette manière de combattre avec des dards, dans le jeu militaire nommé *juego de las canas,* que les Espagnols empruntèrent des Maures.

Note 4. — Paragraphe x.

La fameuse bataille d'Otterburne se livra le 15 août 1388, entre Henri Percy, surnommé Hotspur, et James, comte de Douglas. Chacun de ces deux célèbres champions était à la tête d'un corps de troupes choisies. Percy fut fait prisonnier, et les Écossais remportèrent la victoire, qu'ils payèrent assez cher par la mort de leur vaillant général, qui périt sur le champ de bataille. Il fut enterré à Melrose sous le maître autel.

Note 5. — Paragraphe x.

William Douglas, chevalier distingué de Liddesdale, vivait sous le règne de David II. Il s'était tellement distingué par sa valeur, qu'on l'appelait la fleur de la chevalerie. Mais il ternit sa réputation par le meurtre cruel de sir Alexandre Ramsay de Dalhousie, qui avait été son ami et son frère d'armes.

Note 6. — Paragraphe XII.

On montre dans l'église de Melrose une grande tablette de marbre qu'on prétend couvrir la tombe d'Alexandre II, un des plus grands des anciens rois d'Écosse. D'autres soutiennent que c'est le tombeau de Waldève, ancien abbé de cette abbaye, qui mourut en odeur de sainteté.

Note 7. — Paragraphe XIII.

Sir Michel Scott de Balwearie vivait dans le treizième siècle. Il fut un des ambassadeurs envoyés en Écosse à la mort d'Alexandre III. Par un anachronisme poétique, on le fait vivre ici dans un siècle plus rapproché de nous. C'était un homme fort savant, et qui avait acquis sa science en grande partie dans les pays étrangers. Il écrivit un commentaire sur Aristote, qui fut imprimé à Venise en 1496. Il laissa aussi plusieurs traités de physique, qui font voir qu'il s'occupait beaucoup des études abstraites, de l'astrologie judiciaire, de l'alchimie, de la physionomie et de la chiromancie; ce qui le fit passer pour magicien parmi ses concitoyens. Dempster dit qu'il se souvient d'avoir entendu dire, pendant sa jeunesse, que les livres magiques de Michel Scott existaient encore; mais qu'on ne pouvait les lire sans danger, à cause des esprits malins qui y étaient évoqués. Lesly en parle comme d'un homme *singulari philosophiæ, astronomiæ, ac medicinæ laude præstans; et qui dicebatur penitissimos magiæ recessus indagasse.* Le Dante en parle aussi comme d'un magicien renommé:

> *Quell' altro chi ne' fianchi è cosi poco*
> *Michele Scoto fu, chi veramente*
> *Delle magiche frode seppe il gioco.*
>
> Divina comedia, canto xx.

Un personnage dont parlent les biographes, les historiens et les poètes, ne perd rien de sa renommée dans la tradition. Aussi la mémoire de sir Michel Scott vit-elle dans bien des légendes. Dans le sud de l'Écosse, tout ouvrage qui a exigé de grands travaux, et qui remonte à une antiquité reculée, est attribué au pouvoir du *vieux Michel*, de sir William Wallace ou du diable. On varie sur le lieu de sa sépulture; les uns la placent à Holme Coltrame, dans le Cumberland; les autres dans l'abbaye de Melrose; mais on convient généralement que ses livres magiques furent enterrés dans son tombeau, ou conservés dans le couvent où il mourut.

NOTE 8. — Paragraphe XIII.

La superstition qui régnait en Espagne, et les restes des sciences que les Arabes y avaient introduites, faisaient regarder ce pays comme le séjour favori des magiciens.

DU CHANT II.

Note 9. — Paragraphe XIII.

Tantam ne rem tam negligenter! dit Tyrwhitt de son précurseur Speight, qui, dans son commentaire sur Chaucer, avait omis, comme triviale et fabuleuse, l'histoire de Wade et de sa barque, au grand préjudice de la postérité, à qui il ne reste aujourd'hui aucun souvenir ni de la barque ni du héros. Pour que les antiquaires futurs ne me fassent pas le même reproche, j'ai transcrit quelques traditions sur Michel Scott.

Il avait été chargé, dit-on, d'une ambassade en France, pour obtenir du roi satisfaction pour des actes de piraterie commis par certains de ses sujets contre des Écossais. Au lieu de préparer un splendide équipage et une suite brillante, l'ambassadeur s'enferma dans son cabinet, ouvrit son livre, évoqua un démon sous la forme d'un cheval noir, et lui ordonna de le transporter à Paris à travers les airs. Comme ils traversaient la mer, le diable lui demanda insidieusement ce que murmuraient les vieilles femmes d'Écosse en se mettant au lit? Un sorcier moins expérimenté aurait répondu que c'était le *Pater noster,* ce qui aurait donné au cheval infernal le droit de précipiter son cavalier dans la Manche : mais Michel lui répondit d'un ton ferme : — Que t'importe ? fais ton devoir. — En arrivant à Paris, il attacha son cheval à la porte du palais, y entra, et s'acquitta hardiment de son message. Un ambassadeur qui arrivait avec si peu de pompe, et qui était si étranger aux formes diplomatiques, ne fut pas reçu avec beaucoup de respect, et le roi allait répondre à sa demande par un refus méprisant, quand Michel le pria de suspendre sa décision jusqu'à ce que son cheval eût frappé du pied trois fois. Le premier coup ébranla les clochers de la ville, et fit sonner toutes les cloches; le second renversa trois tours du palais, et le coursier formidable levait le pied pour la troisième fois, quand le roi se hâta d'accorder à Michel toutes ses demandes, et de le congédier.

Une autre fois, tandis qu'il demeurait à la tour d'Oakwood, à environ trois milles de Selkirk, il entendit parler d'une sorcière célèbre, qu'on nommait la sorcière de Falsehope (1), et qui demeu-

(1) Faux espoir.

rait à peu de distance. Il se rendit chez elle un matin pour mettre sa science à l'épreuve; mais il fut trompé dans son attente, car elle nia positivement qu'elle eût la moindre connaissance en magie. Tandis qu'il causait avec elle, il laissa par inattention sa baguette sur la table; la sorcière s'en saisit, et, l'en frappant tout à coup, le métamorphosa en lièvre. Michel, sous cette nouvelle forme, s'enfuit de la maison; mais son propre domestique lâcha contre lui un lévrier, et le pauvre magicien fut obligé de se réfugier dans un égoût pour avoir le temps de détruire le charme. Quelque temps après, voulant se venger de la sorcière, Michel alla sur une hauteur voisine de la maison de cette femme, et envoya son domestique lui demander un morceau de pain pour son chien, après lui avoir dit ce qu'il devait faire si elle le refusait. Le domestique ayant essuyé un refus, attacha au-dessus de la porte de la maison, suivant les ordres de son maître, un papier sur lequel étaient écrits quelques vers avec des paroles cabalistiques. Aussitôt la sorcière, oubliant le pain qu'elle faisait cuire pour les moissonneurs, se mit à danser autour du feu, qui, suivant l'usage, était au milieu de la chambre, et à chanter les vers qui étaient sur le papier attaché au-dessus de sa porte. Son mari, qui était aux champs, envoya ses moissonneurs l'un après l'autre pour savoir pourquoi sa femme ne leur apportait pas le dîner. Mais, le charme agissant également sur eux à mesure qu'ils entraient, ils se mirent à danser et à chanter. Le mari, surpris de ne voir revenir personne, retourna lui-même chez lui; mais, ayant vu la danse par une fenêtre, il se douta que cet exercice, aussi violent qu'involontaire, était un tour de Michel Scott, qu'il avait aperçu sur la hauteur. Il alla donc le trouver, et le supplia humblement de rompre le charme. Le bon sorcier y consentit, et lui dit qu'il n'avait qu'à retirer avec la main gauche le papier attaché au-dessus de sa porte, et puis entrer chez lui à reculons, et que le charme cesserait d'opérer : ce qui ne manqua pas d'arriver.

Malgré cette victoire remportée sur la sorcière de Falsehope, Michel Scott, comme son prédécesseur Merlin, fut enfin victime de la trahison d'une femme. Sa femme ou sa maîtresse arracha de lui le secret que son art pouvait le préserver de tout danger, excepté de celui auquel l'exposerait le bouillon fait avec la chair d'une truie stérile, qui serait pour lui un poison. Elle lui en fit prendre, et le sorcier mourut, mais après avoir eu le temps de faire périr avant lui sa perfide confidente.

NOTE 10. — Paragraphe XIII.

Michel Scott était une fois dans un grand embarras à cause d'un esprit auquel il était obligé de donner sans cesse de l'occupation. Il lui commanda de construire un pont sur la Tweed à Kelso : ce fut l'ouvrage d'une nuit, et il fait encore honneur à l'architecte infernal. Michel lui ordonna ensuite de diviser en trois la montagne d'Eildon, qui ne formait alors qu'un seul cône : il ne fallut qu'une autre nuit pour en faire les trois pics pittoresques qui existent aujourd'hui. Enfin l'enchanteur triompha de ce démon infatigable, en lui ordonnant de faire des câbles avec le sable de la mer.

NOTE 11. — Paragraphe XVII.

Jean-Baptiste Porta et les autres auteurs qui traitent de la magie naturelle, parlent beaucoup de lampes perpétuelles allumées dans d'anciens sépulcres.

NOTE 12. — Paragraphe XXI.

William Deloraine aurait pu se raffermir dans cette idée par l'histoire qu'on rapporte du Cid Ruy Diaz. Tandis que le corps de ce fameux champion chrétien était sur son lit de parade près du maître-autel de l'église cathédrale de Tolède, où il resta dix ans, un certain Juif essaya de le tirer par la barbe ; mais il n'eut pas plus tôt touché les formidables moustaches, que le corps se leva, et tira son sabre à demi hors du fourreau. L'Israélite prit la fuite, et l'effet de sa terreur fut si durable qu'il se convertit au christianisme.

NOTE 13. — Paragraphe XXXI.

L'idée du page de lord Cranstoun a été suggérée par un certain Gilpin Horner, qui résida quelque temps dans une ferme située près des frontières d'Écosse. Une personne des environs nous a fourni à ce sujet les détails suivans :

« Les circonstances les plus certaines, ou du moins les plus probables que j'aie apprises sur Gilpin Horner, qui passa quelque temps à Todshaw-Hill, m'ont été rapportées par un vieillard natif de cet endroit, et qui y avait demeuré toute sa vie. Il me dit que deux hommes, voyageant pendant la nuit, entendirent à quelque distance une voix qui criait : — Perdu ! perdu ! perdu ! — Que diable avez-vous perdu, s'écria l'un d'eux, nommé Moffat. Au même instant ils virent paraître un être ayant à peu près la forme humaine, mais d'une petitesse surprenante, hideux et contrefait. Saisis de frayeur, ils s'enfuirent à toutes jambes, et ne s'arrêtèrent qu'en arrivant chez eux ; mais Gylpin y était déjà. Je ne saurais dire combien de temps il y séjourna. C'était bien une créature de chair et d'os ; car il mangeait, buvait, aimait beaucoup le laitage, et ne l'épargnait pas quand il pouvait s'en procurer. Il semblait d'un caractère malfaisant, et il se plaisait à battre et à maltraiter les enfans. Un jour qu'il tourmentait un de ceux de Moffat, celui-ci en colère lui donna sur la tête un grand coup qui le renversa ; mais il se releva aussitôt, et se contenta de lui dire : — Ah ! ah ! Moffat, vous frappez fort ! — Après être resté assez long-temps dans cette ferme, un soir que les femmes étaient à traire les vaches dans la basse-cour, et qu'il s'y trouvait avec les enfans, on entendit une voix forte et aigre crier trois fois : — Gilpin Horner ! — Il tressaillit, et dit : — C'est moi, il faut que je parte. — A ces mots il disparut, et jamais on ne le revit.

« Le vieillard à qui je dois ces détails les tenait de son père, qui vivait à cette époque. J'en ai bien souvent entendu parler, et je n'ai jamais vu personne qui doutât de la vérité de cette histoire, quoique je doive avouer qu'il s'y trouve probablement quelque exagération. »

A ce récit je puis ajouter les circonstances suivantes, que je tiens d'une autorité très-respectable. Indépendamment du mot *perdu !* qu'il répétait sans cesse, on entendait souvent Gilpin Horner appeler Pierre Bertram ; et quand la voix forte et aigre appela : — Gilpin Horner ! — on crut qu'il avait reconnu la voix de Pierre Bertram, qui était sans doute quelque diable qui avait perdu son serviteur. Je puis ajouter que je ne connais aucune légende qui soit plus universellement répandue, et que bien des personnes très-instruites et d'un rang distingué ajoutent foi à cette tradition.

DU CHANT II.

Note 14. — Paragraphe XXXIII.

Le 25 juin 1557, dame Jeanne Beaton, veuve du lord de Buccleuch, et un assez grand nombre de Scotts, furent accusés de s'être rendus à l'église de Sainte-Marie, au nombre de plus de deux cents, les armes à la main, et d'en avoir forcé les portes, pour s'emparer du lord Cranstoun et le mettre à mort. Mais le 20 juillet un ordre de la reine sursit à toutes poursuites contre lady Buccleuch. On dit que l'église de Sainte-Marie avait été brûlée par les Scotts.

CHANT III.

Note 1. — Paragraphe IV.

L'écu des Cranstoun, par une allusion à leur nom (1), est surmonté d'une cigogne tenant une pierre dans sa patte. Leur devise, bien conforme à l'esprit des habitans des frontières d'Écosse, est : *Tu manqueras avant que je manque.*

Note 2. — Paragraphe IX.

Ce pouvoir magique de faire paraître aux yeux des spectateurs un objet tout différent de ce qu'il est en réalité, se nomme *glamour* dans les annales de la superstition écossaise.

Note 3. — Paragraphe X.

Le docteur Henry More, dans une lettre qui sert d'introduction au *Saducismus triumphatus* de Glanville, fait mention d'un soufflet tout aussi merveilleux.

Note 4. — Paragraphe XIII.

C'est un article de foi dans les superstitions populaires, qu'une eau courante rompt tous les enchantemens. Si vous pouvez placer

(1) *Crane* signifie cigogne.

un ruisseau entre vous et des sorcières, des spectres, et même des démons, vous êtes en toute sûreté.

NOTE 5. — Paragraphe XVII.

Blesser son adversaire à la jambe, et même à la cuisse, était regardé comme contraire à la loi des armes.

NOTE 6. — Paragraphe XXIII.

Allusion aux guérisons par sympathie, for vantées dans les siècles de la féodalité.

NOTE 7. — Paragraphe XXVII.

Ces feux, d'après leur position et leur nombre, formaient une chaîne de communication télégraphique avec Édimbourg.

NOTE 8. — Paragraphe XXVIII.

On est étonné de la promptitude avec laquelle on levait sur les frontières de nombreuses troupes de cavalerie, même quand il s'agissait d'objets moins importans que celui dont il est question dans le poëme.

NOTE 9. — Paragraphe XXIX.

Le sommet de la plupart de nos montagnes d'Écosse est couronné par une espèce de pyramide construite en pierres détachées, et qui semblent en général former des monumens funéraires.

CHANT IV.

NOTE 1. — Paragraphe II.

Le vicomte de Dundee, qui mourut sur le champ de bataille à Killicrankie.

DU CHANT IV.

Note 2. — Paragraphe III.

A l'approche d'une armée anglaise, les habitans des frontières d'Écosse se réfugiaient ordinairement dans des marais inaccessibles. Ils se cachaient aussi dans des cavernes placées dans des situations dangereuses et inabordables. On en voit un grand nombre dans diverses parties des frontières; mais ils n'y étaient pas toujours en sûreté, car souvent on allumait à l'entrée de grands feux de paille, et on les y enfumait comme des renards.

Note 3. — Paragraphe IV.

J'ai entendu dans mon enfance conter bien des histoires sur ce personnage ; il était au service de la famille Buccleuch, et tenait d'elle une petite tour sur les confins de Liddesdale. Il était cordonnier de profession ; mais il avait le goût des armes, et il maniait l'arc plus souvent que l'alène.

Note 4. — Paragraphe V.

Les habitans des frontières attachaient peu de prix à l'ameublement de leurs maisons, parce qu'elles étaient exposées à chaque instant à être pillées et incendiées. Leur principal luxe consistait dans les bijoux dont ils se plaisaient à parer leurs femmes.

Note 5. — Paragraphe VI.

William, lord Howard, troisième fils de Thomas, duc de Norfolk, devint propriétaire du château de Naworth et d'un grand domaine qui y était attaché, du chef de sa femme Élisabeth, sœur de Georges, lord Dacre, qui mourut sans héritiers mâles, dans la onzième année du règne d'Élisabeth. Par un anachronisme poétique, on le fait vivre quelques années plus tôt dans le poëme.

Note 6. — Paragraphe VI.

Le nom bien connu de Dacre fut donné à cette famille à cause des exploits que fit un de ses ancêtres au siège d'Acre ou Ptolémaïs, sous Richard Cœur-de-Lion.

NOTES

NOTE 7. — Paragraphe VIII.

Dans les guerres contre l'Écosse, Henri VIII et ses successeurs employèrent des bandes nombreuses de troupes étrangères.

NOTE 8. — Paragraphe VIII.

Sir John Scott de Thirlestane vivait sous le règne de Jacques V. Lorsque ce roi eut assemblé ses barons et leurs vassaux à Fala, dans le dessein de faire une invasion en Angleterre, tous refusèrent obstinément d'y prendre part. Sir John Scott seul déclara au roi qu'il était prêt à le suivre partout où il voudrait le conduire. Sa fidélité lui valut les distinctions honorifiques dont il est parlé dans le poëme.

NOTE 9. — Paragraphe IX.

Walter Scott de Harden, qui vivait sous la reine Marie, était un chef de maraudeurs renommé. La tradition a conservé sur lui une foule d'anecdotes qu'on trouve dans divers ouvrages. Le cor dont se servait, dit-on, ce baron redoutable, est encore en la possession d'un de ses descendans, M. Scott de Harden.

NOTE 10. — Paragraphe X.

On nommait Heriot un tribut que le seigneur avait droit, en certain cas, d'exiger de son feudataire, et qui consistait dans le meilleur cheval de celui-ci.

NOTE 11. — Paragraphe XIII.

Bellenden est situé près de la source du Borthwick; et comme c'était le point central des domaines des Scotts, il leur servait souvent de lieu de rendez-vous et de mot de ralliement.

NOTE 12. — Paragraphe XVIII.

Les aventuriers mercenaires que le comte de Cambridge conduisit au secours du roi de Portugal contre les Espagnols, en 1380, se mutinèrent faute de recevoir leur paie. A une assemblée de leurs chefs, sir John Soltier, fils naturel d'Édouard, le prince Noir, leur parla en ces termes : — Mon avis est de bien nous entendre ensemble, de lever la bannière de Saint-Georges, d'être amis de Dieu et ennemis de tout le monde ; car si nous ne nous faisons craindre, nous n'aurons rien. — Par ma foi ! répondit sir William Helmon, vous avez raison, et c'est ce qu'il faut faire. — La détermination fut prise tout d'une voix ; on arbora l'étendard de Saint-Georges, et lorsqu'il fut question de choisir un chef, chacun 'écria : — Soltier ! Soltier ! le vaillant bâtard ! amis de Dieu et ennemis de tout le monde ! —

Note 13. — Paragraphe XXI.

Un gant placé sur le fer d'une lance était l'emblème de la bonne foi parmi les anciens habitans des frontières. Si quelqu'un manquait à sa parole, on élevait ce signe à la prochaine assemblée générale, et on le proclamait — un vilain sans foi. — Cette cérémonie était fort redoutée.

Note 14. — Paragraphe XXVI.

Dans les cas douteux, les lois des frontières permettaient quelquefois aux accusés de prouver leur innocence par le serment. Voici quelle en était la forme : — Vous jurez par le ciel qui est sur votre tête, par l'enfer qui est sous vos pieds, par votre part du paradis, par tout ce que Dieu fit en six jours et sept nuits, et par Dieu lui-même, que vous n'avez ni pris, ni fait prendre, ni recélé, que vous ne savez ni ne connaissez qui a pris, fait prendre ou recélé aucun des objets mentionnés dans le bill qui précède.

Note 15. — Paragraphe XXVI.

Le grade de chevalier, d'après son institution originaire, avait cette particularité qu'il n'était point accordé par le monarque, mais que celui qui en était revêtu pouvait le conférer à tout écuyer digne de cet honneur. Ce droit finit par ne plus appartenir qu'aux généraux, qui avaient coutume de créer des chevaliers bannerets après et même avant une bataille.

NOTES

NOTE 16. — Paragraphe XXIX.

Un lion blanc ou d'argent se trouvait sur les armoiries de toutes les branches de la famille Howard. On donnait souvent pour nom de guerre à un chevalier le support ou le cimier de ses armoiries. Ce fut ainsi qu'on surnomma Richard III — *le Sanglier d'York*.

NOTE 17. — Paragraphe XXX.

On peut aisément supposer que le jugement par combat singulier, particulier au système féodal, avait souvent lieu sur les frontières. En 1558, Kirkaldy de Grange combattit ainsi le frère de lord Evre, par suite d'une querelle relative à un prisonnier qu'on prétendait que ce lord avait maltraité.

NOTE 18. — Paragraphe XXXV.

Le personnage auquel il est fait allusion ici est un ancien ménestrel de nos frontières, nommé Rattling Roaring Willie (1), nom qu'il devait sans doute à ses heureuses dispositions pour la musique et pour le chant.

NOTE 19. — Paragraphe XXXV.

Il s'agit ici de la plus ancienne collection de réglemens relatifs aux frontières. Le 18 décembre 1468, William, comte de Douglas, convoqua les lords, les propriétaires et les habitans les plus âgés des frontières, et leur fit prêter serment sur l'Évangile de rédiger fidèlement par écrit les statuts, ordonnances et réglemens portés par Archibald Douglas-le-Noir, et son fils Archibald, pour être exécutés en temps de guerre; après quoi il en fit jurer l'observation.

---

(1) *Willie*, qui racle et qui beugle.

CHANT V.

Note 1. — Paragraphe IV.

Le chef de cette race de héros, à l'époque où est placée la scène de ce poëme, était Archibald Douglas, septième comte d'Angus, homme plein de courage et d'activité. Le cœur sanglant était entré dans les armoiries de la maison de Douglas dans le temps de lord James, que Robert Bruce chargea de porter son cœur en Palestine.

Sir David Home de Wedderburne, qui perdit la vie dans la funeste bataille de Flodden, laissa sept fils qu'on appelait les sept lances de Wedderburne.

Les comtes d'Home, comme descendans des Dumbards, anciens comtes de March, portaient un lion rampant d'argent dans leurs armes. Le cri de guerre de cette famille puissante était : — Home ! Home !

Les Hepburns, famille célèbre du Lothian oriental, étaient ordinairement fidèles alliés des Homes. Le trop fameux comte de Bothwell fut le dernier rejeton de cette famille.

Note 2. — Paragraphe VI.

Le ballon était anciennement un divertissement favori dans toute l'Écosse, et surtout sur les frontières.

Note 3. — Paragraphe VII.

Malgré l'état de guerre presque perpétuel dans lequel on vivait sur les frontières, et les cruautés qui accompagnaient souvent les invasions qui se faisaient de l'une sur l'autre, il ne paraît pas que les habitans des deux contrées limitrophes se soient regardés avec ce sentiment violent d'animosité personnelle qu'on pourrait leur supposer. Comme les avant-postes de deux armées ennemies, ils entretenaient souvent les uns avec les autres des relations presque amicales, même au milieu des hostilités. Il est même évident, d'après diverses ordonnances qui furent rendues pour empêcher le commerce et les alliances entre les habitans des deux frontières, que leurs gouvernemens respectifs craignaient qu'ils ne contractassent une liaison trop intime.

Note 4. — Paragraphe VIII.

Patten censure avec raison la conduite désordonnée des habitans des frontières d'Angleterre, qui suivirent le protecteur Sommerset dans son expédition contre l'Écosse.

Note 5. — Paragraphe XXIX.

Celui qui avait été pillé par des maraudeurs se mettait à leur poursuite avec ses amis, au son du cor, et à l'aide de chiens dressés à cet effet. Si son chien pouvait suivre la piste, il avait droit d'entrer dans le royaume voisin, privilège qui fit couler le sang bien des fois.

CHANT VI.

Note 1. — Paragraphe V.

La croyance populaire, quoique contraire à la doctrine de l'Eglise, faisait une distinction entre les magiciens et les nécromanciens ou sorciers, et elle était favorable aux premiers. On supposait qu'ils commandaient aux malins esprits, tandis que les autres leur obéissaient, ou du moins étaient ligués avec eux.

Note 2. — Paragraphe V.

Les dames du haut rang portaient ordinairement un faucon sur le poing dans les cérémonies, et les chevaliers et barons en faisaient autant en temps de paix.

Note 3. — Paragraphe VI.

On sait que dans les siècles de chevalerie on regardait le paon non-seulement comme un mets délicat, mais comme un plat spécialement consacré aux festins d'apparat. Après l'avoir fait rôtir, on le recouvrait de ses plumes, et on lui plaçait dans le bec une éponge imbibée d'esprit de vin enflammé. L'instant où on le plaçait sur la table, les jours du grand gala, était celui que les chevaliers aventureux choisissaient pour faire — devant le paon et les dames — le vœu d'accomplir quelque prouesse.

La tête du sanglier se servait aussi dans les grandes fêtes au temps de la féodalité. En Écosse, elle était entourée de petites bannières sur lesquelles on voyait les couleurs, les armoiries et la devise du baron.

On voit souvent des troupes de cygnes sauvages sur le lac de Sainte-Marie, près de la source de l'Yarrow.

Note 4. — Paragraphe VII.

Mordre son gant passait, sur les frontières d'Écosse, pour un vœu solennel de vengeance. On cite encore un jeune homme du Teviotdale qui, après avoir passé la nuit à boire, remarqua qu'il avait mordu son gant. Il demanda sur-le-champ à ses compagnons avec qui il s'était querellé, et l'ayant appris, il demanda satisfaction aussitôt, disant que quoiqu'il ne se souvînt pas de l'objet de la querelle, il était sûr de ne pas avoir mordu son gant sans avoir reçu une insulte impardonnable. Il perdit la vie dans ce duel, qui eut lieu en 1711, près de Selkirk.

Note 5. — Paragraphe VIII.

Voyez, dans la notice biographique, le récit d'une tradition conservée par Scott de Satchells, qui publia en 1688 une histoire véritable de l'honorable nom de Scott.

Note 6. — Paragraphe X.

John Grahame, second fils de Malice, comte de Monteith, communément surnommé — John à l'épée brillante, — ayant été disgracié à la cour d'Écosse, se retira avec une grande partie de ses parens et de ses vassaux sur les frontières d'Angleterre, dans une partie qu'on nommait — le Territoire contesté — parce que les deux nations voisines s'en disputaient la possession. Ils s'établirent en ce lieu, et l'on y trouve encore aujourd'hui de leurs descendans.

NOTES

NOTE 7. — Paragraphe XIII.

Le vaillant et infortuné Henry Howard, comte de Surrey, était sans contredit le cavalier le plus accompli de son temps. On trouve dans ses sonnets des beautés qui feraient honneur à un siècle plus policé. Il fut décapité en 1546, victime de la basse jalousie d'Henri VIII, qui ne pouvait souffrir près de son trône un caractère si brillant.

Dans les voyages du comte, le célèbre alchimiste Corneille Agrippa lui fit voir, dit-on, dans un miroir, l'aimable Géraldine à qui il avait consacré sa plume et son épée.

NOTE 8. — Paragraphe XXI.

Les Saint-Clairs sont d'extraction normande, étant descendus de William de Saint-Clair, second fils de Walderne, comte de Saint-Clair, et de Marguerite, fille de Richard, duc de Normandie. On l'appelait — le beau Saint-Clair. — S'étant établi en Écosse sous le règne de Malcolm Ceanmore, il obtint de grandes concessions de terres dans le Midlothian. Les domaines de cette famille furent encore considérablement augmentés par Robert Bruce.

NOTE 9. — Paragraphe XXI.

Le château de Kirkwall, construit par les Saint-Clairs quand ils étaient comtes d'Orkney, fut démantelé par le comte de Caithness, en 1615, Robert Stewart, fils naturel du comte d'Orkney, ayant voulu s'y défendre contre le gouvernement.

NOTE 10. — Paragraphe XXII.

Les chefs des pirates scandinaves prenaient le titre de *Sækomunger*, ou roi de la mer. Les scaldes, dans leur style ampoulé, nommaient souvent les navires — les serpens de l'Océan. —

NOTE 11. — Paragraphe XXII.

Le *jormungandr*, ou le serpent de l'Océan, dont les replis entourent la terre, est une des fictions les plus extravagantes de l'Edda. Il fut sur le point d'être pris à la ligne par le dieu Thor, qui avait mis pour amorce à son hameçon une tête de bœuf. Dans la bataille entre les démons et les divinités d'Odin, qui doit précéder le *ragnaraokr*, ou crépuscule des dieux, ce serpent doit jouer un grand rôle.

NOTE 12. — Paragraphe XXI.

C'étaient les *Valkyriurs*, filles infernales dépêchées du Valhalla par Odin pour choisir ceux qui devaient périr dans le combat.

NOTE 13. — Paragraphe XXII.

Les guerriers du nord étaient ordinairement ensevelis avec leurs armes et leurs autres trésors. Ainsi Angantyr, avant le combat singulier dans lequel il perdit la vie, stipula que s'il succombait son épée Tyrfing serait enterrée avec lui. Sa fille Hervor la retira ensuite de sa tombe.

NOTE 14. — Paragraphe XXIII.

La belle chapelle de Roslin est encore assez bien conservée. Elle fut bâtie en 1446 par William Saint-Clair, qui avait tant de titres, dit Godscroft, qu'un Espagnol en aurait été fatigué. On dit qu'elle paraît tout en feu quand un de ses descendans est sur le point de mourir. Cette superstition est sans doute d'origine norwégienne, car plusieurs sagas parlent des tombes de feu du nord.

NOTE 15. — Paragraphe XXVI.

L'ancien château de Peel-Town, dans l'île de Man, est entouré de quatre chapelles maintenant en ruines. Il y avait autrefois un passage qui conduisait d'une de ces chapelles dans le corps-de-garde de la garnison.

FIN DES NOTES DU LAI DU DERNIER MÉNESTREL.

ŒUVRES COMPLÈTES
DE
SIR WALTER SCOTT.

Cette édition sera précédée d'une notice historique et littéraire sur l'auteur et ses écrits. Elle formera soixante-douze volumes in-dix-huit, imprimés en caractères neufs de la fonderie de Firmin Didot, sur papier jésus vélin superfin satiné; ornés de 72 *gravures en taille-douce* d'après les dessins d'Alex. Desenne; de 72 *vues* ou *vignettes* d'après les dessins de Finden, Heath, Westall, Alfred et Tony Johannot, etc., exécutées par les meilleurs artistes français et anglais; de 30 *cartes géographiques* destinées spécialement à chaque ouvrage; d'une *carte générale de l'Écosse,* et d'un *fac-simile* d'une lettre de Sir Walter Scott, adressée à M. Defauconpret, traducteur de ses œuvres.

CONDITIONS DE LA SOUSCRIPTION.

Les 72 volumes in-18 paraîtront par livraisons de 3 volumes de mois en mois; chaque volume sera orné d'une *gravure en taille-douce* et d'un titre gravé, avec une *vue* ou *vignette*, et chaque livraison sera accompagnée d'une ou deux *cartes géographiques.*

Les *planches* seront réunies en un cahier séparé formant *atlas.*

Le prix de la livraison, pour les souscripteurs, est de 12 fr. et de 25 fr. avec les gravures avant la lettre.

Depuis la publication de la 3e livraison, les prix sont portés à 15 fr. et à 30 fr.

ON NE PAIE RIEN D'AVANCE.

Pour être souscripteur il suffit de se faire inscrire à Paris

Chez les Éditeurs:

A. SAUTELET ET Cº,	CHARLES GOSSELIN, LIBRAIRE
LIBRAIRES,	DE S. A. R. M. LE DUC DE BORDEAUX,
Place de la Bourse.	Rue St.-Germain-des-Prés, n. 9.

www.ingramcontent.com/pod-product-compliance
Lightning Source LLC
Chambersburg PA
CBHW050656170426
43200CB00008B/1319